International Christian University Books

グローバリゼーションと日本外交

GLOBALIZATION AND JAPAN'S FOREIGN POLICY

DIPLOMATS' PERSPECTIVES ON CREATING A COMMON FUTURE

未来の共創・先達からの提言

ICU国際関係学科 ＋功刀達朗 編

小和田 恆
藤井 宏昭
栗山 尚一
井口 武夫
谷口 　誠
柿沢 弘治

ICU選書
現代人文社

ICU選書

グローバリゼーションと日本外交
GLOBALIZATION AND JAPAN'S FOREIGN POLICY

DIPLOMATS' PERSPECTIVES ON CREATING A COMMON FUTURE

未来の共創・先達からの提言

【目次】

冷戦後の国際秩序と国連 ……………………… 小和田恆 ……… 1
国連勤務を振り返って

日本とアジア ……………………… 藤井宏昭 ……… 13
文化交流を中心に

戦後の日米関係を振り返る ……………………… 栗山尚一 ……… 29
敗戦国からパートナーへの軌跡

新しい国際秩序作りへの参加 ……………………… 栗山尚一 ……… 59
何が日本外交に求められているのか

新しい海洋法秩序の形成 ……………………… 井口武夫 ……… 83
世界と日本に対してもつ意義

2020年の世界経済のシナリオ ……………………… 谷口 誠 ……… 103
グローバル化時代の日本の選択

転機に立つ南北問題 ……………………… 谷口 誠 ……… 127
日本の国際協力

対米最後通告をめぐる謎 ……………………… 井口武夫 ……… 155
新たな資料の発掘で明らかになった真実

アジアの経済統合は可能か ……………………… 柿沢弘治 ……… 173
21世紀日本外交の挑戦

はじめに

　本書は，ICU創立50周年を迎えて，1999年に記念事業の一部として開催された「日本外交」に関する特別公開講演と，三鷹市との共催による国際市民大学講座「グローバル化時代・日本の選択」を講演順に紹介するものです。

　かねてよりICUは市民公開講座，国際シンポジウム，他大学や三鷹市との共同研究などを通じて，地域社会，市民社会とのパートナーシップを求めてきました*。21世紀を迎えるこの時に，グローバリゼーションの潮流が徐々にスピードを上げて国際社会の構造的変化を起こしている中で，過去半世紀における日本の外交を振りかえり，日本はアジア太平洋地域をはじめとする世界の諸国との協調の下に，新しい国際秩序の形成と維持にいかなる役割を果たすべきかを共に考えることは，大変意義深いことと思います。

　グローバリゼーションという言葉が使われ始めたのはそれほど昔のことではありません。80年代の初め頃にはすでに経済のグローバル化が注目されていましたが，政治，社会，文化，環境の諸分野についてもグローバリゼーションが大きな挑戦と受け止められたのは最近のことです。重要な国際文書の一つである先進国首脳会議の宣言に，この言葉が初めて使われたのは1994年のナポリ・サミットの時でした。

　グローバリゼーション，情報革命，生命科学の進歩など現在進行中の大きな流れは，人類の未来に向けての楽観主義を勇気づける多くの可能性を

＊　例として，1981年以来毎年上智大学と共催する国際シンポジウム及び報告書のリストと，1981年以来三鷹市と毎秋共催する国際市民大学で取り上げたテーマのリストを巻末に付してあります。

内包しています。しかしその一方，貧困格差の増大，世界各地の民族抗争，感染症のひろがり，地球温暖化などの現実の状況に目を向けると，むしろ将来に関する不安定要因と不透明性の方が，心の安寧に影を落とす感があります。このような状況において重要なことは，第一にやや近い過去，すなわち約半世紀にわたる人類の歩みを振り返って現代の趨勢を把握すること，そして第二には，歴史は与えられるものではなく人間がつくるものであるという認識をもって，未来に関するビジョンを共に構想し，未来を共創する能動的な態度を日常的にもつことではないでしょうか。

沖縄サミットでは，1975年以来サミットが取組んできた平和と繁栄に関する試練と進展を振りかえり，21世紀の主要8カ国 (G8) の役割を議論しましたが，G8宣言の前文で，グローバリゼーションが深化する世界では，開発途上国，国際機関，市民社会との新たなパートナーシップが重要になっていることを強調しています。世界の先進国首脳がこのような認識を表明したことは画期的であり，サミット諸国の中でとかく大国意識の目立つ日本が，先進国の一員として国家中心的アプローチを推し進めるのではなく，国家以外の行為主体を含む多中心的アプローチをとって，世界との共生と未来の共創を求めて行くことが切に望まれます。そしてそのためには，われわれ一般市民が自分達の生活の実体的向上を求めて行動するだけでなく，地球社会の共通善の実現と公共財の創出と管理・運営を希求し，国際社会の政策決定のレベルにまでわれわれの願いと行動をつなげていくように，日本の外交に関心を寄せ，その形成に参画し，ひろく支えていくことが必要です。

以下にその要旨とハイライトを紹介する9つの講演は，いずれも日本の外交の最高レベルでの政策決定に直接携わってこられた方々によるものです。しかも講演者は，米国，ソ連，英国を含む先進国，開発途上国との2国間外交での活躍に加え，国連，経済協力開発機構 (OECD)，欧州共同体 (EU) や主要な国際会議，海洋法条約交渉，南北交渉などのマルチ (多国間・多角的) 外交での傑出したリーダーシップの故に，世界的に令名を馳せておられる先達です。折につけ大きな足跡を国際関係史に残してこられました。

小和田恆氏（日本国際問題研究所理事長，前国連大使）は，国連大使退官後間もなく行われた「冷戦後の国際秩序と国連—国連勤務を振り返って」と題する講演で，国際社会の変化，進展に対処する国連の新たな役割を分析しました。冷戦後の国連の特徴として，（イ）安全保障理事会の役割の拡大，（ロ）開発問題の重要性の増大，そして（ハ）環境や人権問題のような，一国だけでは対処できないグローバルな課題への国際社会の関心という3つの特徴を挙げ，第3の点については国内の人権状況や，カンボジアにおける政権づくりを例に，「一国の政体はその国の国民が決めることである」という論理は間違っていないが，今日では「本当に国民が決めているのか」ということが国際社会全体から問われていると述べました。また，経済格差や価値観の対立など国際社会における「均一性」の欠如は国連活動を非常に難しくしていると述べ，日本に最もふさわしい貢献の方途は一体なんであるのかを論じました。

　藤井宏昭氏（国際交流基金理事長，前駐英大使）は，「日本とアジア—文化交流を中心に」という講演で，日本とアジア諸国との関係には極めて重要な変化が起こりつつあることを強調しました。この背景には冷戦後の民主化と市場経済の拡大，グローバリゼーション，情報革命，中産階級の台頭などがあり，経済，社会，文化の同質性とこれに伴う共感の拡大がみられてきたが，アジア経済危機は相互認識を加速的に高めたことを指摘しました。また，アジア6ヶ国の人々がそれぞれの言葉で自分達の衣装を着て演じる「リア」を，共に文化を創る「共創」の1つの例として挙げ，お互いの文化や芸術を通してより共感を深めることによって「センス・オブ・コミュニティ」を醸成していくことが重要であるとしました。そしてこのためには，日本文化の再認識と異文化交流が同時に必要であり，文化交流の根底にあるソフトパワーとしての個人の魅力の重要性を強調しました。

　栗山尚一氏（国際基督教大学客員教授，元駐米大使）は，「戦後の日米関係を振り返る—敗戦国からパートナーへの軌跡」と題した講演で，日米関係という国際関係史上例を見ない緊密なパートナーシップについて語りました。第2次世界大戦後，半世紀足らずの間に，文化も歴史も非常に違

う二つの国が，しかも敗戦国と戦勝国という対極的な立場から，「成功物語」と呼びうる関係を築き上げた要因は何か，また，どのような「危機」に見舞われたのかを論じました。そして両国関係発展の過程で，わが国の外交当局はどのような問題に取り組まねばならなかったかを，サンフランシスコ体制と「吉田ドクトリン」，反安保闘争，沖縄返還，防衛摩擦，経済摩擦などの主要問題につき，エピソードもまじえ具体的に紹介しました。おわりに，冷戦期に日米両国が持っていた共通のコンパスと共通の海図はもはや役立たなくなり，「日米は漂流を始めている」と警告し，変り行く世界の中で日本もアメリカも，どのように変っていかなければならないかにつき国民的理解を得ることが，両国の「成功物語」第2章へ向けての課題であろうと指摘しました

また**栗山氏**は，「新しい国際秩序作りへの参加—何が日本外交に求められているのか」というテーマで，これからの日本外交の展望を語りました。80年代以来，世界が「多元化」，「グローバル化」，「多極化」という三つのベクトルで徐々にスピードを上げて構造的変化を起こしている中で，既存の国際秩序は再構築を迫られているとし，それぞれの流れが抱えている問題は何か，そして今日「不確実」，「不透明」，そして「不安定」とも呼ばれる世界をより平和で豊かなものにするために，どのような国際秩序を作らなければならないかという点について論じました。またその中で日本はいかなる役割を果たすべきであるかを説き，世界に通用しない日本の「一国平和主義」の考え方を批判しました。結論として，平和主義が本当に平和主義であるためには，国際協調と一体化したものでなくてはならず，国際社会の共通の利益の中に日本の国益を結び付けて考え，国際秩序の形成と維持に積極的に責任を持つ「大国づらをしない大国の外交」を説きました。

井口武夫氏（国際基督教大学客員教授，元駐ニュージーランド大使）は，「新しい海洋法秩序の形成—世界と日本に対してもつ意義」と題する講演のなかで，ニュージーランド大使を務めていたころのエピソードを織り交ぜながら，有史以来の海洋法秩序の変遷を辿り，海洋国家である日本にとって，海洋資源と海洋環境の保全がいかに大事かを強調しました。また，

外務省時代に長年にわたり力を注いだ海洋法条約の交渉で殊に苦労した点や，国連安全保障理事会よりも強い権限をもった国際海底機関の誕生が有する意義と重要性などをわかりやすく論じました。その他，深海底資源の開発をめぐる先進国と途上国の対立，鯨とニュージーランド，竹島と尖閣列島と200カイリの問題などについても，国際海洋法の第一人者ならではの的確かつシャープなタッチをもって，問題の核心を紹介しました。

谷口誠氏（国際基督教大学客員教授，前OECD事務次長）は，「2020年の世界経済のシナリオ―グローバル化時代の日本の選択」という講演で，インターネット等の情報技術の発展や，科学技術の驚異的な進歩が，今後の世界経済の予測を世界有数のエコノミストにとってさえ極めて困難なものにしていることを指摘しつつ，グローバリゼーションの下で世界経済が大きく変化する中で，現在のOECD先進経済大国から中国，インド，インドネシア，ブラジル，ロシア等GNPと人口の大きい5ヶ国へ，経済規模においてパワーシフトが起る可能性を論じました。（ただし，経済の大きさでは追いつけたとしても一人あたりの生活水準や科学技術の水準については先進国の優位は変らないであろうとしました。）またその過程で，製造業とサービス業のバランスや，失業問題，規制緩和や老齢化問題，穀物自給率低下など，日本経済が直面することとなる問題点を欧米と比較しながら説明し，欧州諸国が重視する「social cohesion（社会の連帯性）」の大切さを説きました。またグローバルスタンダードはワシントンがいつも決めるのでなく，ヨーロッパと手を組んで日本の長所も組み込むべしとしました。

谷口氏は，「転機に立つ南北問題―日本の国際協力」と題した講演で，途上国の問題を肌で感じたことのないOECD事務局の専門家達の批判からはじめ，60年代以来の南北問題の歴史的経緯と変遷を説明し，冷戦後に急変した多くの途上国の開発戦略の行方を論じました。氏は，今後長期的にはグローバリゼーションの波に乗り飛躍的な経済発展が予想される中国，インド，ブラジル等の国々と，取り残されるサブサハラ・アフリカなどの最貧国の格差が大きな問題となることを指摘し，日本が独自で進められる外交としての国際協力の主な対象はアフリカなどの最貧国，軍事拡張をし

ない国，環境汚染を抑える技術移転，などにシフトすることを説いています．また世界銀行やIMF主導の開発援助のあり方に異議を唱え，一般論として途上国のために「cool head but warm heart（冷徹な頭脳と温かい心をもって）」の分析とアプローチの重要性を訴えました．

井口氏は，「対米最後通告をめぐる謎—新たな資料の発掘で明らかになった真実」のなかで，自らが発見した外交文書と歴史的事実を照らし合わせ，真珠湾攻撃をめぐる謎を見事に解き明かしました．井口氏は，その「対米最後通告文原案」の発見によって，真珠湾攻撃がだまし撃ちだったかどうかという長年の議論に終止符を打つべく，綿密な分析を行っています．当時の外務省と軍関係者のせめぎ合い，そして駐米日本大使館の混乱などを克明に描きながら，50年間闇に包まれていた歴史の暗部にスポットを当てました．そして，当時外務本省は一方で軍部に抵抗したとはいえ，他方で軍部の要求に屈して奇襲攻撃の協力をさせられたという「一次資料の語る歴史の真実」を，外務省は速やかに説明する責任があると主張しています．

柿沢弘治氏（衆議院議員，元外務大臣）は，「アジアの経済統合は可能か—21世紀日本外交の挑戦」という講演のなかで，欧州統合のプロセスを，1960年代に現地において肌で感じ，その後も身近に見守ってきた経験から，アジアの経済統合の可能性を強調しました．これからの国際社会を考える際には，これを6つの同心円構造として捉え，家族や地域社会の再構築，そして国家と地域社会との権限の再配分をはかることが非常に重要であるとしました．そしてアジアにおいても，調和のとれた地球共同体のための地域グルーピングとして共同市場の形成，共通通貨の創設などを徐々に推進していくべきであると主張し，ユーロの前身ECUと同じようにACU（エイジアン・カレンシー・ユニット）をつくりアジア開発銀行の債券はACU建てにすることを示唆しました．柿沢氏は最後に，今の日本に欠落しているのは政治的意志であり，アジア経済統合を進めるためには「ボランタリズム」が必要であり，夢を掲げてフィールドに出て，肌に触れた体験を積んでいくことが大切であるというメッセージを若者たちに送りました．（講演後の質疑応答は35分に及び，農業と環境保全，IMFと

アジア経済統合の関係，アジアの文化的共通性，「漢字サミット」構想，貿易自由化と南北問題などが広く取り上げられました。この部分も特別に収録されています。）

　長年にわたる実務上の豊かな経験と学問上の厳正な知識に基づくこれら講演のひとつひとつは，次の世代を担う学生諸兄姉はもとより，国際問題研究者や外交政策の専門家にも，また国の内と外の両面から変革に取組む一般市民の方々にも貴重な知見と示唆を提供しています。

　本書に収録された公開講演とその出版計画は，鈴木典比古学務副学長が国際関係学科長を務めている時にまとまったものであり，鈴木教授のリーダーシップに負うところ大です。また，講演テープから最終稿として出版社におさめる迄の一連の作業は，社会科学研究所の支援の下，敦賀和外（チームリーダー），千葉尚子，藤井成信，北尾明日香，渡部拓也の5名の大学院生が立派にその任を果しました。

　おわりに，講演を快くお引き受け下さり，また草稿の段階で御一見下さいました6名の講演者に対し再び心からお礼申し上げます。

　　　2000年7月　　　国際基督教大学大学院教授　功刀達朗

講演者プロフィール (講演順)

小和田　恆 (おわだ・ひさし)
東京大学卒業，55年外務省入省。英国ケンブリッジ大学大学院修了。条約局長，官房長，外務審議官を経て外務事務次官（91年～93年）。経済協力開発機構（OECD）日本政府常駐代表大使（88年～89年）や国連日本政府常駐代表大使（94年～98年）を歴任。現在日本国際問題研究所理事長。世界銀行総裁上級顧問，ニューヨーク大学法学部教授（非常勤），早稲田大学大学院教授を兼任。主な著書に『創造から参画へ──日本外交の目指すもの』（都市出版，94年）及び『外交とは何か』（NHK出版，96年）等がある。

藤井　宏昭 (ふじい・ひろあき)
東京大学中退後，56年外務省入省。アジア局審議官，香港総領事，北米局長，官房長を経てOECD日本政府常駐代表大使（89年～92年），駐タイ国大使（92年～94年），駐英国大使（94年～97年）を歴任。現在国際交流基金理事長。主な著書・論文に「相互依存の世界と日本の外交」（『外交フォーラム』89年5月号），「『日英同盟』から『日米同盟』へ」（『外交フォーラム』2000年1月号），「新しい時代の文化とは」（『外交フォーラム』2000年4月号）等がある。

栗山　尚一 (くりやま・たかかず)
東京大学卒業後，54年外務省入省。条約局長，北米局長，駐マレーシア大使，外務審議官を経て外務事務次官（89年～91年），駐米大使（92年～95年）。現在早稲田大学客員教授，国際基督教大学客員教授。主な著書・論文に「激動の90年代と日本外交の新展開」（『外交フォーラム』92年5月号），『日米同盟──漂流からの脱却』（日本経済新聞社，97年），「日本外交への期待──21世紀を見据えて」（『国際問題』2000年4月号）などがある。

井口　武夫（いぐち・たけお）

東京大学卒業後，53年外務省入省。英国オックスフォード大学修士。国連代表部参事官，海洋法副本部長，ボストン総領事，駐ドミニカ共和国大使を経て，駐バングラデシュ大使（88年〜91年）駐ニュージーランド大使（91年〜93年）を歴任。退官後，東海大学教授（93年〜2000年）。現在国際基督教大学客員教授，尚美学園大学教授。主な著書・論文に『深海底の新しい国際法』（財団法人日本海洋協会，89年），「幻の『宣戦布告』全文―真珠湾奇襲の新事実」（『This is 読売』97年12月号），「排他的経済水域と大陸棚レジーム形成とその相関関係についての考察」（『世界法年報』第17号，98年）等がある。

谷口　誠（たにぐち・まこと）

一橋大学大学院修了，英国ケンブリッジ大学セント・ジョーンズ・カレッジ卒業後，59年外務省入省。在ジュネーブ国際機関日本代表部参事官，駐フィリピン公使，国連日本政府代表部公使，駐パプアニューギニア大使を経て，国連代表部経済社会担当大使（86年〜89年），OECD事務次長（90年〜96年）を歴任。現在早稲田大学現代中国綜合研究所所長，国際基督教大学客員教授。主な著書・論文に「南北問題―解決への道」（サイマル出版会，93年），「グローバル化と日本の選択」（『中央公論』97年11月号），「国際機関における大国の横暴―マルティラテラリズムの危機」（『世界』99年8月号）等がある。

柿沢　弘治（かきざわ・こうじ）

東京大学卒業後，58年大蔵省入省。在ベルギー日本大使館一等書記官，三木内閣官房長官秘書官等を経て，77年参議院議員選挙当選，80年衆議院議員選挙初当選後，連続7回当選。環境・運輸・外務各政務次官を歴任し，94年外務大臣（羽田内閣）。98年小渕内閣発足後，自民党総裁直属の都市問題対策協議会会長。現在衆議院議員，外務委員会委員。東海大学教授，日本アルジェリア協会会長，日本リビア友好協会会長を兼務する。最近の著書に『東京ビッグバン―首都の再生こそが日本の危機を救う！』（ダイヤモンド社，99年），『ボクの再出発―政治を変えたい！　日本を救いたい！』（扶桑社，2000年）等がある。

冷戦後の国際秩序と国連
―国連勤務を振り返って―

小和田恆　日本国際問題研究所理事長，前国連大使

国連安保理事国が確定——あいさつを交わす小和田国連大使（1996年10月22日）

国際社会の大きな変化

　私は国連の在籍というのは実は2度目であります。1回目は冷戦のさなか，1968年から71年の3年間でした。その後も外務省で国連の仕事に直接，間接にいろいろ関わってきましたので，今回もかなり事情のわかっているところへ行って仕事をする，そういう気持ちでした。ところが行ってみて一番最初に感じたことは国連の変化の激しさでした。

　ご承知のように国連ができたのが1945年で，それから数年後，40年代の末にはすでに米ソを中心にして冷戦構造ができてきました。それが約40年続いて，80年代の終わりから90年代の初めの時期に冷戦構造は終わりを告げました。ここである意味では1945年に国連が作られた草創の時代の理念に立ち戻って，今，国連は何をしなければならないのか，第2次世界大戦後50年を経た今日の状況で国連はいかにあるべきか，ということを改めて問いかけなければならない時代がきたともいえるでしょう。ただ，ここで考えておかなければならないのは，その40年の間，世界は1945年の状況に留まっていたわけではないということです。つまり冷戦構造の枠組みの下で覆い隠された国際社会の変化，進展に対し国連の役割というものをどう再提示していくのか，そういう問題に直面しているわけであります。

　国連が1945年にできたときは加盟国は51ヵ国でした。第2次大戦の戦勝国が集まって，「戦争を繰り返してはならない。これからの世界を平和で安全なものにするためにはどうしたらいいのか」を考え，そのための世界秩序の総元締めとして国際連合というものができたのです。今日ではメンバーは185ヵ国です。その後の50年の間にイギリス，フランスをはじめとする国々が支配していた植民地が解放されて，独立し，国連に加盟したのです。

　その結果として国連の中ではそういう国々が過半数どころかむしろ圧倒的な多数を占めるようになったという変化が生じています。そういう変化というものをどう受け止めるか，またその変化が国連の役割にどういう影響を与えていくのかということを考える必要があります。

　もう1つ大きな変化として考えなければならないのは，今日の国際社会というものが，科学技術の進展，交通手段の発達，通信手段の発達という

ようなことを背景にして，単なる抽象的な概念だけでなく，本当の意味で1つの社会になりつつあるということです。そしてそれが世界秩序というものにどういう影響を与えるのかという問題があります。今日の国際システムの中で依然として主権国家の果たす役割は大きくはありますけれども，主権国家の相対化という現象が現れています。国境に関わりなくいろいろな事象が起きているのです。そういう事象に対してどう対応するのかということが世界秩序を維持していく上で非常に重要な要素をしめてくるわけです。インターナショナルという言葉に対してグローバルという言葉を使いますが，グローバルというのはまさにそういう意味です。政治問題であれ，経済問題であれ，そういう見地から見ていかない限り本当の意味での社会秩序の問題というのは考えられないという状況が出てきています。

このような見地から冷戦後の国連の特徴というものを考えたときに3つの点をあげることができます。

安保理事会の重要性の増大

第1は，国連の活動において安全保障理事会が果たす役割がこれまでとは比較にならないほど活動領域において拡大し，その重要性において増大したということです。さきほど冷戦のさなかに国連に勤務したと申しましたが，その当時は，国連で扱う問題は政治問題であれ，経済問題であれ，社会問題であれ，すべて基本的にはイデオロギー対立の枠内において考えられ，処理される時代でした。安全保障理事会はほとんど開かれることはありませんでした。開催されるときにはそこで問題をどう解決するか，国連としてどう介入していくのかという本質論を究めるために集まって協議するというのではなく，東側と西側とがお互いに宣伝合戦をし，政治的なプラスをどう稼ぐかというための場として利用されるとさえいってもよいでしょう。初めから問題の解決がそこでできるわけはない，ということを承知の上で議論が行われるわけです。私が68年に国連に参りました直後に起きたのが，ソ連によるチェコの侵入事件ですけれども，これはその典型でした。問題をどう解決するか，チェコの国民の自由権をどう確保するかというようなことに焦点があったのではなくて，そこでどれだけ得点をあげることができるかという鬩ぎ合いの場だったのです。こういう状況の下

では安全保障理事会が真に国際の平和と安全を維持確保する場として機能することは不可能であり，本当に問題を解決するための討議は常に国連の外で行われるという状況でした。

　今日の安全保障理事会は冷戦時代に比べてはるかに忙しくなっています。こういうことは新聞などに報道されませんからなかなか皆さんにおわかりいただけないのですが，冷戦時代の状況に比べて隔世の感があります。過去2年間日本は非常任理事国でありましたので私が責任代表として2年間この職に務めた実感からいえば，ほとんど毎日やっており，安全保障理事会というもう1つの大変忙しい国際機関に加盟したというのが正しい実態だと思います。休祝日はもちろんですが，さらになにか緊急事態があれば土日にも召集がかかります。そしてそこでは以前とは違い，みんなで相談して，どうしたら一番いい解決が得られるかという努力をしております。またその内容も変化しております。冷戦時代にあったような世界規模の全面戦争に至るかもしれないような危機をどう扱うのかというような問題ではありません。むしろ，たとえばコンゴなどアフリカ各国で頻発している紛争事態に国連としてどう対応し，これをどう平和につなげていくのかというような非常に狭い範囲の，しかしきわめて現実的に切迫した問題が今日の世界の平和と安全にかかわる最大の問題であり，したがって安全保障理事会の最も重要な役割になっているのです。今日の国連にとって武力を用いて敵を制圧するというような，国連憲章で言えば第7章で想定されているような事態はほとんど現実的ではなくなっています。1990年の湾岸危機の時に，多国籍軍による軍事行動という形で国連が強制行動を行ったということがありますがこれは極めて例外中の例外です。通常起きている大多数の紛争はそういう性格の紛争とはかなり違います。私が安全保障理事会のメンバーとして仕事をしておりました2年間を通じて，安全保障理事会が費やす時間の約7割はアフリカの問題であり，そのほとんどが国内における部族の争いに端を発するような紛争，あるいは国内における統治機構が崩壊したことから生ずる紛争についての討議でした。そこで問題になるのは国連がいかに武力をもって紛争を制圧するかというようなことではありません。たとえば部族間の対立が紛争に発展するのを防ぐためには何をすればいいか？　紛争の根源となっている社会的な不平等をどう是正するのか？　あるいは経済的困難をどう処理するか？　国民の声を吸い上げ

る民主的な制度ができていないがために社会の不満がより高まって紛争が起きるというような状況において、よい統治というものをどういうふうにして確保するのか？　さらに紛争が起きた結果として生ずる何万，何十万という難民に対してどういう形で救済の手をさしのべるのか？　こういう一連の問題に具体的にどう答えを出し，その答えを実行するためのオペレーションを実施するものなのです。さらに，幸いにしていったん停戦が成功しても，このいわばかりそめの平和というものをどういうふうにして長続きさせるかという問題が出て参ります。そのために必要になってくるのがPKOと呼ばれるものです。PKOとはご承知のとおり自分で武力を使うわけではまったくありません。ちょうど，ボクシングやサッカーの試合でのレフリーと同じような意味で紛争が生じた際に，紛争当事者に武力対立を中止させた上で双方対峙の状況に割って入って平和を維持し，さらに永続的な平和に持っていくという政治的なプロセスです。そして本当の平和ができたときにオペレーションが終了するのです。

新しい開発戦略の必要性

　第2は，開発問題の重要性がきわめて大きくなっているということです。開発問題とは第2次世界大戦後，これまでの植民地が独立した結果，こうして生まれてきた新しい国々と先進国と呼ばれている国々との間に生じている経済的な格差の中で新興独立国の経済開発をどう進め，これらの国々をいかにして国際政治経済体制の一員として組み込んでいくかという問題です。実は冷戦がこの問題と切っても切れない関係にありました。開発問題は1960年代からすでに出て来ていましたが，冷戦構造というものが存在したことによって，非常にゆがめられた形で考えられ，取り扱われてきたと私は考えてきました。そもそも「開発問題」が「南北問題」という形で取り上げられるようになったこと自体が不幸なことであったといえましょう。「南が途上国であり北が先進国だから『南北問題』というのは当然ではないか？」と言われるでしょう。しかし私はこの問題が「開発問題」と呼ばれずに「南北問題」と呼ばれたことによって「東西問題」に重ね合わされたという側面が非常に大きくあったと思います。なぜか？　東と西が政治的イデオロギー的に対立している中で，東側のソ連を中心として社会

主義国家には南の国々を自分の味方に引き入れることによって，東西関係における自分たちの立場を有利にできるという政治的状況があったのです。論理は極めて明快です。今日，南の国々が悲惨な状況にあり貧困にあえいでいるのは植民地の収奪のせいです。この植民地主義のというものは帝国主義の所産です。帝国主義とは資本主義の最終段階だとレーニンが喝破したところです。こう詰めていくと開発の問題についての諸悪の根源は資本主義にあることになります。そうだとすれば資本主義国家つまり西側の国々こそ今日の貧困の元凶であるということです。したがって南の国々が自分たちの貧困を解決するために資本主義と対峙して社会主義を押し進めようとしている東側の国々と組んで，共通の敵である西側の国であり北側の国である先進国と戦う同盟を結ぶことがこの問題を解決する道であるという論理が形成されたのです。歴史的プロセスからいえば確かにそういう面があり，私はあながち間違った論理であるとは思いません。

しかし問題はそれが東西対立という政治的な枠組みの中で，「開発」という本質的な問題をどうしたら解決できるかという最も大切な点をさしおいて，東西対立という政治的な目的の中で，東側の政治的立場を有利にするための道具として使われたということにあります。その結果この「南北問題」が「東西問題」に重ねあわされたという状況は「開発」にどう対処するかという事態を解決するには何の役にも立たなかったのです。東側と西側の国々がいわゆる援助競争に奔走しました。確かに非常に大きな金額がアフリカを始めとする国々につぎ込まれました。しかしそれが本当に開発に役立ったかというと，まったく役立たなかったとは申し上げませんが，その効率に非常に問題がでてくることは事実です。なぜ役立たなかったかと言うと，とにかくお金をつぎ込んで，政権を自分たちの味方に付けておくことがより重要であるという見地から援助が行われ，開発をいかに進めるかということに対する哲学および戦略というものがまったくなかったからです。注ぎ込まれたお金が国民の福祉をよくするのにどれだけ使われるのか。その金がある国を経済的に発展させるためにどういうふうに使われるかというようなことは二の次に回されがちであったのであります。

さらにもっと問題なのは，そういう中で社会主義型経済発展モデルと資本主義型経済発展モデルが対比され，ソ連型経済発展モデルというものが最も短期的に工業化を成し遂げうるモデルとして輸出されたということで

した。ソ連型モデルの本質はプロレタリア独裁という名の下において権力を集中して資源の閉鎖的な配分を行って，工業部門にどんどん資源と人力をつぎ込むことによって工業化を急速に達成することができる，というところにあります。この発展モデルは「プロレタリア独裁」であるかどうかはともかく，独裁体制，全体主義体制の下での計画経済というものが経済発展の実現に一番いい方法であるということを意味します。これが開発途上国の権力者にとっては大変都合がいい体制の正当化の根拠を提供することになったということが見逃されてはならないと思います。その結果アフリカの非常に多くの国で見られたような独裁体制が成立して，そこで権力の集中ということが行われてしまいました。それがその国の経済開発につながったかというと，例外がなかったとは申しませんが，多くの国においてそうではなかったことは今日では明白でした。東西対立は開発問題の本質を犠牲にした重要な要素であったのです。

　他方，これとまったくミラー・イメージをなすのは冷戦構造がなくなった結果，先進国側でよくいわれる「援助疲れ」が起きたことです。今まで行われていた援助競争は，「もう東西対立がなくなったから途上国のいうことを聞く必要はなくなった」という形で開発途上国は放り出されてしまったのです。その結果，開発途上にある国々は開発問題を自分たちで考えなければならないという状況に初めて直面することになった，と同時に皮肉なことにアメリカをはじめとする援助国側には「もう援助からは手を洗いたい」という気分が強く出てきているのです。

国際社会のグローバル化

　第3の特徴として申し上げたいのが冷戦構造下の国と国との間の力関係という枠組みがとれてしまった後の国際社会の姿の変化ということです。これも実は先ほどから申し上げたことと非常に関係しているわけです。いったい，社会というのは何のためにあるのかという反省が非常に強くなってきました。世界がグローバル化し，1つの社会になってくると，その中でみんなの福祉，幸福というようなものを大きくしていくにはどうしたらいいかということが大きな問題になってきます。具体的にいえば環境の問題であり，あるいは人権の問題です。地球規模の環境が一番典型的でわか

りやすい例でありますが，これは一国が「環境問題は主権国家の国内で処理する問題だ」と言ったところで全然片づかないわけです。たとえば中国の工業化に伴って，大気が汚染され，その結果日本で酸性雨が降るということがあります。しかしこれは日本政府だけがいくらじたばたしても対処できないのです。中国との協力なしにはこの問題は解決しないわけです。あるいは地球の温暖化問題などはさらに日本と中国だけが協議すればできるという話でもありません。世界中の国々がみんな一緒になって問題意識を共有して，この問題にどう対応するかということを考えなければ対応できないのです。1997年末京都で行われた気候変動枠組締結国会議（COP3）での提案も，みんなが必死になって問題解決を見出そうという努力にほかなりません。

　人権問題にも同じような性格があります。つまり，自分の国の問題は自分たちがちゃんとやればいいんで，他の国のことは知らないよ，という時代は終わってしまったといえます。一定の基準というものがすべての国に対して，あるいは地球上のすべての人々に対して適応されなければ本当の意味での社会の幸せ，社会としてのまとまりは達成できないんだという考え方です。人権の問題というものは，一国の国内問題であって，自国民をどう取り扱うかはその国の自由であって，他の国から口出しされるいわれはない，という時代ではなくなっているのです。

　それに関連して，その国の政府がいかにあるべきかという問題もでてきます。一国の政体をどうするかという問題はその国の国民自身が決めることであり，他の国から口出しすることは許されない，というのは主権の最も本質的な部分ではありますけれども，その問題についてすら，たとえばカンボジアにおける政権づくりに国際社会は発言権を持つべきだ，という声が上がり，国際社会全体の関心事になるような状況が生まれています。「一国の政体はその国の国民が決めることである」という論理自体が間違っているのではなくて，「本当に国民が決めているのか」ということが問われているわけです。

　そういうふうに国際社会が1つのグローバルな社会になったということは，国連がすでに従来のような主権国家間の利害の調整を行うというような組織ではなくなってきていることを意味します。かといって1つの統一的な秩序を，権力をもって押しつけるような超国家的な世界政府的な組織

になっているかといえばそれはまたそうではないのです。

国連は実効的に対処しているか

次にこういう3つほどの大きな変化に対して、国連がどう実効的に解決に対処するのかという問題が生じます。ところがこのような新たな変化にどう国連が実効的に対処しているかということになってきますと、実はそう簡単ではないのです。一番大きな問題は「国連版リップマン・ギャップ」ともいうべき状況です。皆さんご記憶かどうかわかりませんが、ウォルター・リップマンという優れたジャーナリストが、レーガン政権時代のアメリカの外交政策について発した警告があります。それはアメリカの秩序維持に対する役割に対する世界の期待というのがどんどん大きくなっている。ところがそれに対してアメリカがそれにつぎ込める力はどんどん小さくなっているという状況が生まれているということなのです。その結果生まれるギャップがかえって危険を増大しているという主張であって、そういう中でアメリカが秩序維持の問題にどう関わっていくべきかを検討しなければならないということを指摘したのです。その際、1つはアメリカの役割を少なくして、やれることとやれないことをはっきりさせるというオプションがあります。もう1つは逆にアメリカ一国では支えきれない部分を他国と一緒になって支えるというオプションです。いずれにしてもこのギャップを解消することが必要だ、とリップマンは主張したのです。

現在国連にある一番大きな問題は「国連版リップマン・ギャップ」だと思います。つまり国連への期待あるいは国連が果たさなければならない役割となしうる能力の乖離ということです。例を挙げますと、安保理の決議の数は冷戦構造が終わる少し前の1988年には年に15しかありませんでした。決議をするような場面が非常に少なかったのです。それが冷戦構造が崩壊した直後の1992年には53に増え、昨年98年には73件になっています。つまりいかに安保理が重要になってきたかを示しています。ところがさきほど申し上げた平和維持活動（PKO）は冷戦構造が終わる前の88年には5つしか機能していなかったものが、92年には11に増え、94年には17に増えたのですが、ここ数年は17、16ということでだいたい横這いになってしまいました。それに従事している人間の数は94年には73,000人おりましたが、95年

には62,000人。さらに98年には11,000人にまで減少し，冷戦前の88年の約9,500名に近いような数に落ちてしまいました。なぜそういうことになったのでしょうか。PKOを派遣しようにも国連にはそのためのお金はないし，また加盟国の中にもPKOを実行しようという政治的意志というものが急速にうすれてきているからなのです。その典型的な例がアメリカの国連離れです。ある意味では非常に皮肉なことに，これは冷戦構造がなくなったことの1つの結果なのです。つまり冷戦時代にはすべてのことが東西対立の中で自分にどれだけ有利かという基準によって判断されたがために，米国にとっては世界のどこに起こる事態であっても，その結果が自分に有利に働く結果になるのか，敵に有利に働く結果になるのかという観点から非常に重要な戦略的な意味をもっていたのです。ところが冷戦構造がなくなると，たとえばアンゴラで政府軍と非政府軍が戦っている状況は，アメリカにとって実はどうでもいいことになってしまいます。そのためにお金を出し，場合によっては血を流さなければいけない必要がどこにあるんだということがアメリカの世論を支配し，米国政府の決定の基準になってしまうという状況がでてくるわけです。しかしアメリカだけを批判するわけにはいきません。それはおそらく日本をとってみてもそうでしょう。中国やその他の国々もそうです。そういう冷戦構造という緊張関係がなくなったことによって生じる一種の安心感，いずれにしてもどうせ大したことにはならないという安心感が国連の活動に対して非常にネガティブに働いているということがいえるのです。

　さらに国際社会における均一性が欠けていることが国連の活動を非常に難しくしているということを申し上げておきたいと思います。国内社会でもそうですが，社会が社会として一体性を持つこと，つまりみんなが一緒になって力を合わせていく共同体でありうるためには，その構成員がすべて同じような問題意識を持ち，同じような価値を大切にし，基本的には同じような経済水準のレベルにあり，同じような形で1つの社会を作り上げようとしているということが社会の安定の大前提です。そこに協力関係が生まれるのです。ところが国際社会においては，たとえば貧富の差が1対100というように貧しい国と富んでいる国の間の格差が存在しているというような状況があり，また価値の問題についても西欧的価値と非西欧的価値というものが対立しているというような状況があるときには，国際社会

全体としての共通利益を追求するというような国連の活動というものは抽象論としてはわかっていても具体的な行動になってくるとなかなか難しいということがあるわけです。まだ他にもいろいろ問題はありますけれども，大きな点としてはそういうことが今日の国連の抱える問題だといえるでしょう。これらの問題の解決に成功しない限り，国連が期待されているような役割を実効的に果たすことはなかなか難しいということがいえると思います。

日本は国連を通じて何をすべきか

　最後にそういう中で日本は何をしなければならないのかという問題になるのですが，この回答は私が改めて申し上げなくてもおわかりだろうと思います。今まで申し上げた今日の国連の問題点の裏返しとして考えていただければいいわけです。今まで述べてきたような国連の問題に日本として具体的にはどうしたらいいのかという見地から，たとえば財政的な面を含めて国連にどう協力していくかということを具体的に考えることが必要だと思います。さらには政治的意志というものが重要であるということになってくれば，日本として国連の行うPKO，平和維持活動というものにどう貢献していくのかということについて明確な政治的意見を持つことが不可欠になってきます。国連における均質性の欠如ということが一番大きな問題だとすれば，貧富の格差の問題について日本がどう役割を果たすのかということがきわめて重要になってきたことは申し上げるまでもありません。

　この点に関連して申し上げたいのは，4年半国連におりました私の国連勤務の中で，私自身が一番努力をし，それなりに成果があったと思っているのは開発の分野における日本の貢献だということです。もちろん，日本が安保理常任理事国入りすることが実現するかどうかという問題はジャーナリスティックには最も注目される話題でありますし，私はこの問題が日本にとって重要であるという考えにおいて人後に落ちるものではありませんし，日本の主張を理解させるために大きな努力を払いました。しかしこの問題が実現するかどうかは日本の努力だけにかかることではありません。機が熟して，185の加盟国の大多数がこれでよいと考えるような状況が出

てきたときに初めて実現する話であります。日本が一国で努力をしたからといって事態が急速に変わるということではないのです。これに比して開発の問題は日本のような国が本気になってやるのかやらないのかによって事態を変えることができるのです。つまり日本の力によって相当なことができる分野だと言えます。その1つの成果が，1998年の10月に東京で行われた「第2回アフリカ開発会議」でした。そういうふうに考えてまいりますと，日本が果たさなければならないし，果たしうる役割というのは，実は非常に大きいものがあるのです。今日お話したような新しい状況の中における国連というものをどういうふうにして強くしていけばいいのか，ということを皆さんにひとりひとり真剣に考えていただきたいのです。そのためにはみなさん自身が国連やその他国際機構の中に入って，そのプロセスに参加していくということも非常にたいせつな要素であります。国連で働く日本人職員はまだまだ数が足りません。私が承知している限りでは，国連の日本人職員の出身学校別でトップを占めているのはICUです。ぜひみなさんの中から国際社会のために役に立とうという気持ちを持たれる人が出てこられることを期待して，この講演を終わりにしたいと思います。

（1月11日講演）

日本とアジア
―文化交流を中心に―

藤井宏昭 国際交流基金理事長・前駐英大使

「リア」の一場面

はじめに

　本日は「日本とアジア―文化交流を中心に―」という題でお話させていただきますが，冒頭に国際交流基金について若干，お話をさせていただきたいと思います。国際交流基金という機関は，1972年に国の法律によって設置された外務省の特殊法人でございます。以来27年間，日本と諸外国との文化交流を担当しているわけですが，この場合の文化というのは非常に広い範囲のことでございます。たとえば，日本語の普及や日本研究支援，知的な交流，人物の交流，もちろん芸術・文化の交流という側面も含めまして，非常に広範な分野にわたっているわけでございます。予算はだいたい年間200億円程度で，人員は230数名でやっております。

　それから本題に入る前に，アジアという場合にはどこまでがアジアかという問題があります。本日の話では東アジア，つまり日本，中国，そして韓国等の北東アジアの国，およびASEANの10ヵ国あたりをアジアということで話を進めていきたいと思います。

アジア経済危機による関係の変化

　それでは本題に入りますけれども，日本と他のアジア諸国との関係には極めて重要な変化が起こりつつあります。それは90年代に入って着実に進んできたのですが，特に97年の夏に起きたアジアの経済危機がそれを加速させました。

　かつて日本と他のアジア諸国には，援助国対被援助国という階層的な関係が若干ありました。また，政府同士は仲が良くても国民同士，市民同士の共感とか理解がかなり懸け離れているというような状況―もちろん国によって事情は違いますけれども―がありました。そういう関係が変質している，それがこの変化の主要な特徴だと思います。

　すなわち，経済，社会，そして文化の同質性の拡大やそれに伴う共感の拡大によって，一部にはビジョンや価値観を共有する国や地域が広がりを見せ，地域共同体の構築というようなことすら唱えられてきているわけでございます。これはかつて福田総理が，いわゆる「福田ドクトリン」と呼

ばれたスピーチでおっしゃったように，東南アジアの諸国と心と心のつき合いをしたいということに近づいてきていると言ってもいいかもしれません。

なぜこのような変化は起きているかというと，私は極めて主要な世界の変化，これがアジアにも起きてきているためであって，それには2つの大きな理由があると思います。1つは，冷戦の終了後，民主主義，市場経済が世界的に広まってきたことであり，アジアもその例外ではないということでございます。もう1つは，今まさにその真只中にあるわけでございますけれども，情報革命とグローバライゼーションの進展であるかと思います。

アジアについていえば，高度成長によりミドルクラス，中産階級の台頭と，民主主義の拡大とが長年にわたって積み重ねられてきたわけでございます。それが冷戦後のいわゆる大競争時代という時代の到来，民主主義と市場経済の伝播，それと情報革命およびグローバライゼーションの進展等によって一層拍車がかかったわけですけれども，それをさらに加速させたのがアジアの経済危機だったと思います。

そのミドルクラスの台頭について申し上げますと，アジアの経済成長は教育を受けた中産階級を生み出してまいりました。かつて，いわゆる日本のサラリーマンと呼ばれる人達は，日本以外のアジアの国にはあまり存在しませんでした。しかし，80年代，90年代に至ると，徐々に日本のサラリーマンと同じような服装をし，また同じような生活感覚を持つような人たちが増えてきたのです。

それと同時に，経済の成長に伴う環境問題をはじめとして，アジアの諸国は日本と似たさまざまな社会問題を抱えるようになり，日本と他の諸国との間に，共通の課題が存在するようになってきました。その1つに，近代化に伴う伝統文化・社会の崩壊や，グローバライゼーションと固有の文化の相克などといった文化・社会の問題が挙げられます。

さらにミドルクラスの台頭や，社会・経済の成長は，各国でNGO，マスメディア，学会，そして市民グループ等のシビル・ソサエティの台頭をもたらしました。もちろん，これも国によってばらつきがありますけれども，シビル・ソサエティ同士の交流のネットワークもスタートし，人間同士，市民同士の交流が可能になってきつつあります。特に，お互いに共通

の問題を抱えるということであれば，その交流の幅もさらに拡がりうるという状況が出てきつつあると思います。

　このような状況において97年夏からの経済危機は，お互いの相互認識という面で非常に大きな追い風になったと思います。そのいくつかの面を申し上げますと，97年7月にタイで発生した通貨危機は，瞬く間にアジア全域に波及しました。それによって，いかに経済的なアジア諸国間の相互依存関係が深化しているかということを，多くのアジア諸国民が実感することになったわけでございます。

　もちろん日本と他のアジア諸国との間では経済危機の形はずいぶん違います。しかし，欧米のプレスなどは，アジアの問題点ということで日本を完全にアジアの一員として扱いました。それまで日本は，欧米の視点では必ずしもアジアの中に入っていなかったのですが，アジア経済危機以降は日本を入れるようになってきました。また，規制，不透明さ，ネポティズム等といったシステムとしての問題は確かに似ているところがあるわけで，そういう意味で日本と他のアジア諸国との間には共通の欠陥があるとさえ認識されてきているわけでございます。

　それから，経済成長期に日本と他のアジアとの両方にありました一種のおごり―特に日本はバブル期においてありました―がこのアジア経済危機を通じてなくなってきた。これは心理的に，お互いのことをより素直に見ることを可能にしてきているのではないかと思います。

　ここで，今まで申し上げたことの一番典型的な国と思われる韓国から話を始めたいと思います。

日韓市民同士の交流

　1998年10月に金大中大統領が訪日なさいましたが，それ以降の日韓関係の進展というのは，歴史をしっかりと踏まえた未来志向ということで，まさに数百年に一度，日本と韓国との両民族にとって本当の意味での和解の好機が来たと感じる次第です。また，1999年3月の小渕総理の訪韓によって日韓文化交流会議というものができましたが，そこでは2002年のワールドカップを1つの大きな契機として，それに向けて日韓の国民同士の交流をさらに活発にしていくことを合意しているわけでございます。その大き

な背景には，やはり先ほど申し上げた韓国における民主主義と市場経済の進展があり，それは隣国である日本にとっても大変に誇らしいことでもあるし，大変にうれしいことであると思います。

　少し余談になりますが，1998年に金大中大統領が訪日なさいました時に，宮中の晩さん会に私も招かれました。そこで金大中大統領のお話を聞きながらしみじみ思い出したのですが，みなさんは金大中事件というものがあったのをご存知でしょうか。1973年8月8日，来日中の金大中前大統領候補が東京のホテルで誘拐されて，そこに在日韓国大使館員の指紋が発見されたという事件でございます。私は当時，大平外務大臣の秘書官という立場にありまして，この問題で大平外務大臣がいかに苦労されたかということを隣でつぶさに見ていたわけです。そこでは，日韓の政府の関係を良好に維持していくことが政府にとって極めて重要なことであったわけですが，本当の実体は国民同士，市民同士，それから政府間の信頼関係が必ずしも充分ではないという中で外交を行なっていたというのが，かつての有り様だったと思います。

　その金大中さんが大統領になって日本にいらっしゃった。そして日本との関係について極めて前向きな態度をお示しになり，日本側もそれに応えるということを目の当たりにしまして大変に感慨深いものがありました。かつてに比べますと，まさに国民同士，市民同士の交流が遥かに深くなっている。たとえば，阪神淡路大震災における在日の方々と日本人との市民同士の協力は，すばらしいものであったと思います。それから在日韓国人の方々の芸術，その他にもさまざまな面における大変に大きな活躍があります。また，韓国においては特に若い人々を中心に日本に対する素直な議論が生れ一方日本においても，韓国が立派な民主的な国造りを行なっていることに対する敬意および共感が，多くの日本国民の間から出てきているということ，これが日韓関係の最大の拠り所であると思います。

　そういう意味で日韓の関係は，政府同士の協力ももちろん多いわけであります。その1つの大きな目標は，広義の文化の面でございまして，それは相互の文化の違いを認めながら，相互の文化と伝統に対して敬意を払い，その上で日韓共通の文化をできるだけつくっていく。こういうことを市民同士で行なっていくことが大事だと思いますし，今まさに日韓両国民はその道に乗り出していると思います。

2002年のワールドカップは，一説によると世界中でのべ約400億人の人々がこれをテレビ等を通じて見るそうです。日韓の両国民がお互いに手をつないでいくことを，世界に対して示せる大きな機会になると思います。それに向けて，またその後も日韓の歴史的な和解を達成していくことが非常に大きなチャンスであると思います。

ASEAN多国籍ミッションと「リア」

　ASEANにつきましては，橋本内閣の時に多国籍ミッションという提案をなさいました。その多国籍ミッションはアジアのコミュニティの形成ということに貢献したと思います。その理念は，お互いの文化の違いを認めながら，お互いの共通の文化をつくっていこうという考え方であります。

　それから小渕内閣はヒューマン・セキュリティを唱えられました。これは国境を越えた環境，犯罪，テロ，疫病，そして貧困等の問題に対する国の安全保障ということではなくて，ヒューマン，つまり人間の側面から見た安全保障の問題ということに光を当てたものです。そのヒューマン・セキュリティにアジア諸国がどう協力できるかについて98年5月，小渕外務大臣の時にシンガポールの会議で唱えられました。98年12月に東京でも開かれており，今後さらにこの会議が開かれ，より具体的なものに結実していくことを期待しております。

　国際交流基金は，多国籍ミッションの事務局を務めましたし，ヒューマン・セキュリティについてもこれを支援しているわけでございますが，その他にも最近行なってきたことの1つに「リア」というものがあるわけです。

　また，国際交流基金にはアジア・リーダーシップ・プログラムというものがございます。これはアジアの若手の学者6，7名を2ヵ月ほど日本にお呼びしていろいろな方にお会いしてもらい，日本についての見識を広めていただくというものでございます。それから，次世代リーダー・フェローシップというものもやっております。これは7，8人の日本人の博士課程等の人々，あるいはNPOの職員の人々をアジアに3ヵ月から1年ほど派遣して，アジアについての知識を取得していただくというプログラムでございます。

　我々が最近やっておりますものには，先ほど申し上げました「リア」という劇がございます（本書26頁参照）。この「リア」というのは，原作はもちろんシェークスピアの「リア王」でございますが，それを日本の方が脚本を書き，シンガポールの方が演出をして，アジア6ヵ国の俳優さんが，たとえば能や京劇などの衣装，あるいはタイの演劇など自分達の衣装を着て，自分達の言葉で役柄を務める。さらに音楽も，ガムラン音楽あり，日本の音楽ありと，アジア各国の音楽が使われております。このように，アジアのみなさんが1つの芸術をつくるという試みでありまして，これは文化の交流からさらに一歩進んで，共に文化を創る「共創」という1つの例であります。この「リア」は日本でも大変好評でございました。また東南アジアを回りまして，各地でも大変好評を博しており，今後はヨーロッパにも行く予定でございます。

中国との交流と共感

　次に中国との関係ですが，中国との関係では歴史の問題が最大の障害に

なっていることはご存知のとおりです。私は，日中の基本的な利害は一致しているると思います。中国が豊かになっていくこと，これを中国の強大化ということで恐れる人が世界にはいますが，歴史を顧みても，ある国が豊かになっていくのを止めようとしても，止められるものではない。中国が豊かになっていくということ，これは日本にとってすばらしいことであると思います。そういう意味で，日中の未来における基本的な利害というのは，本質的に異なるものではないということが言えると思います。

　もちろんASEANや韓国と異なり，政治体制の違いなどで，中国とは共通の価値やビジョンが描きにくいということがあるかもしれません。しかし，それはそれとして，政府間はもちろんですけれども，日中間の国民同士の，そして人間同士の交流と共感，そして理解というものを徐々に深めていくことは大事なことであるし，またそれは可能だと思います。歴史の問題についていえば，かねてから申し上げているのですが，日本は大きな過ちを犯したことは間違いありません。その問題を率直に我々自身が直視して反省すること，これは我々自身にとって極めて重要なことであって，それは日本が将来の道を誤らないためにも極めて重要なことだと思います。

　そういうことをしたからといって，明治以来の日本の大きな流れの中で，貧しい国がこれだけ豊かになってきたということを考えると，日本は決して卑下することはない。日本は貧しい国が豊かになったという意味で，世界の中で1つの大きなともし火であると思います。国際交流基金はNHKテレビドラマの「おしん」を開発途上国を中心に50ヵ国以上で放映することをお手伝いしてきました。「おしん」ほどこれらの諸国の人々に感銘と勇気を与えた日本の作品はありません。したがって，われわれ日本人が自信を持てば持つほど，自分自身のある過去の行動に対して，自らの厳しい反省を行なうことが大事だと思います。それと同時に，他の国との関係で謝る謝らない，それも政治の問題として大事なことだと思います。私はそういう政治の問題を論じる立場にはございませんけれども，それよりも大事なのは自分自身の厳格な反省だと思う次第でございます。日本と中国のナショナリズムがお互いに過大にならないようにすることは，もちろん注意すべきことではありますが，いずれにしても中国と日本の間でも先ほど申し上げましたように共通の課題，共通の悩み，あるいは共通の夢など，共通なものがかつてよりも遥かに多くあると思います。それは中国の

知識人と話をしてみると非常にそれを感じる次第でございます。したがって日中間でも知的交流など，国民同士の交流を着実にやっていくことは極めて重要な課題であると思います。

センス・オブ・コミュニティの形成に向けて

以上に述べましたように，日本とそれ以外のアジアとの関係について今，非常に重要な時期に来ていると思います。それは一言でいうと，アジアとしてのセンス・オブ・コミュニティというものを醸成していくことが徐々に可能になりつつあるということかと思います。すでに政治面ではASEANプラス3ヵ国（日，中，韓）の首脳会合が定期的に行なわれておりますし，それから自由貿易地域という話もございます。また，これはかなり難しいと思いますけれども，共通通貨の話もございます。それから安全保障の面に関してもアセアン・リージョナル・フォーラム（ASEAN Regional Forum）もあるわけでございます。これら政府レベルでのいろいろな動きもあるわけでございまして，今後もいろいろな進展を見せていくことになると思います。

けれども1つはっきり言えるのは，アジアの国民同士が知り合うこと，個人として，また人間として知り合うことが何よりも大切だということです。そのためには，お互いの歴史とか文化とかについての知識を増やしていく。それからお互いの文化・芸術を通して，より共感を深めていく。さらには，NGO等を通じていろいろな共通の課題を話し合ったり，解決するような努力を一緒にやっていく。あるいは知的交流を行なっていろんな共通な問題についての共通の研究，検討，分析を行なっていく。こういうことを含めたセンス・オブ・コミュニティを，無理をせずに徐々にしかも着実に拡げていくことが非常に重要であると思います。

その際に，特定の国が主導権を握るのではなくて，お互いの文化は国の大きさにかかわらずまったく対等であること，すなわち文化の多様性というものを認め合うことが極めて大事だと思います。それから，多様性を認めながら，共通なものをできるだけ見出していくことはもちろん必要なことです。だからといって，かつて言われたアジア的価値というものを自分たちで性急に打ち立てるというようなこと，特に欧米に対抗してというよ

うな考え方は間違っていると思います。そうではなくて，アジアのお互いの文化をより知り合っていくことによって，そこに自分達は特殊だと思っていたことが，かなりアジアでは共通であるということや，あるいは共通だと思っていたことが非常に特殊であったというような「自己の発見」というものが出てくる。それは，お互いに意志の疎通が増大するのみならず，アジア諸国が世界の中で，さらに普遍的な意味で自分たちの文化を投射していくという面でもプラスになっていくのではないかと思います。

　どうしてそれが世界にとって意味があるのかというと，今，世界はグローバライゼーションの荒波の中で固有の文化とか伝統とか，自分たちの根っこが侵食されているという大きな危惧を抱いております。確かに，花も人間も根っこなしでは生きられない。従って，いかに自分たちの根っこを大事にしながらグローバライゼーションの中で経済的にも栄えていくかが大きな課題であります。別な言葉でいえば，この大きな変革の中で非常に強い風が吹くときも，それをみんなで一緒に支えあっていくことが必要になってくると思うのです。

日本文化の再認識

　このみんなで一緒に支えあっていくということに関連して，私は文化を担当するものとして世界のいろいろな方々にお会いいたします。かなり多くの方々が言いますのは，伝統の文化を維持しながら，世界の科学，そして経済の最先端にある日本こそ世界に対して，どうしたら根っこを保持できるのか示してほしいということです。確かに日本人は，あまり意識していないかもしれませんが，日本の強みというのはそこにあるのかもしれません。だからこそ，日本の文化に対して，今日世界中から強い関心が寄せられているのです。

　それは，1つに日本の文化が持っている特性だと思います。その特性とは，第1に，日本の文化は込み合った場所での文化である。第2に，自然と人間との調和を，和を重視する文化である。第3に，非常に大衆的な文化である。これらは連綿として続いてきた日本の文化，特に江戸時代の文化を考えて見ればわかることでございます。浮世絵とか，歌舞伎とか，世界の人々が大変に評価する日本の文化というのは，込み合った中で和を大

切にする庶民の文化であったわけです。また，日本のお花をとっても一輪の花で極めて美しいということは，今日の言葉でいえばそれはほかならぬエコロジーと同じでございます。

　もう1つ，日本の文化の持っている特性は「明るさ」だと思います。明るさというのがどこから来るのかというと，1つは全面肯定ということにあります。八百よろずの神という言葉がありますが，森羅万象すべてに神を見出す，つまり全面肯定なのです。「渡る世間に鬼はない」というような明るさです。さらにいえば日本文化は非常に繊細な美しさを持っている。国際交流基金は昨年秋パリ文化会館で縄文展というのを開催しましたが，縄文土器の美しさというものは際立っておりまして，レヴィ＝ストロース（Claude Lévi-Strauss）さんをはじめ，フランスの識者は大変に高く評価しておりました。

　このような日本文化の特色というのは，21世紀の込み合った多様な民族が共存していく社会，大衆の世界，科学技術と経済が発達しすぎて人間と自然とのバランスが崩れそうな世界，そのような世界の中で大変重要な示唆を与えていると思います。それが今日の日本文化に対して世界の人々が非常に強い関心を持ち始めた理由だと思います。われわれ日本人もまた日本文化のこのような特性を第2次大戦後，経済の発展のために忘れかけています。この再認識が必要でしょう。

　さらに，その伝統的な文化に加えて，この150年間，日本は西洋の文明・文化を非常にどん欲に吸収してきたわけです。この150年間の蓄積，これが東洋でもなく西洋でもない日本を形作っているという意味で，今日の日本文化が持っている魅力というのは日本人が思う以上にあるのではないかと思います。しかし，その魅力に満足していてはいけない。その魅力をさらに増していく必要がある。文化が輝きを増すというのは，まさにルネッサンスと同じ原理で行なわれると思います。ルネッサンスの時にはギリシャ・ローマの昔に戻った。それと同時に，サラセン文明との文化の交流・混交を行なったのです。今日の日本においても，エコロジーとか和とかなど日本文化の持っている伝統的な価値，すばらしさ，魅力というものをもう一度蘇らせる。それと同時に，諸外国との文化の交流・混交，そして共創をどんどん進めて，日本文化をさらに開かれた多様な魅力のあるものにしていくことが重要であると思います。

つまり，伝統回帰と異文化交流を同時にやるということですが，その中で特に他のアジアとの交流が非常に重要な意味をもっていると思います。日本はアジアとは違うと私たちは思いがちですし，ともすれば日本独自の文化・伝統を強調し過ぎることがあります。しかし，アジア諸国ともっと文化交流を深めていき，そこにいったい何がアジアに共通であり，何が違うのかがさらにわかってくると，実はかなりアジアに共通な要素があることがわかると思います。なぜかというと，あれだけの広大な国土を持つ中国も含めて，アジアはやはりずっと込み合ったところで生きてきたからなのです。アジア内での文化交流の重要な理由の1つは日本は別だという考え方からの脱却，すなわち日本文化の相対化にあるのです。

これからの人類共通の課題は，込み合ったところで多様な文化を共存させながら，伝統的な文化を維持しながら，最も進んだ科学技術を駆使して経済的に競争して，かつ人類共通の価値や制度や秩序を広めていけるかということです。ですから，その中で日本だけがひとりで力むのではなく，他のアジアのみなさんとさらに理解と共感を深めていき，さらに日本文化の持つポジティブな面と欧米が持つポジティブな面—民主主義とか人権，それからトランスペアレンシー，健全な競争，明確なルールなど—とを両立させながら，21世紀の世界が住みやすい世界になるよう築いていくことがこれからの課題になると思います。ですから，アジアの中で文化交流を深めてセンス・オブ・コミュニティをつくっていくというのは，欧米に対抗するわけではなく，欧米のポジティブで普遍的なものをさらに補完していくということでもあり，それは世界にとって極めてポジティブなことであると思う次第であります。

最後に—ソフト・パワーとしての個人の魅力

結局，広義の文化の交流というものは個人の交流の集積なのです。日本とアジアを国という単位で申し上げましたけれども，結局は個人なのです。それからもう1つ申し上げたいのは，これらすべてを政府がやるとか，今のリーダー達がやるとお考えかもしれませんが，こういう新しい分野の国際交流というものは，結局は「同世代ゲーム」でしかないわけで，こういう新しい分野の国際交流というものは，まさに市民，学生の方々が行なっ

ていかねばなりません。将来どのような日本人が個人としてできるか，また，どのような関係が他のアジア諸国の市民との間にできるか。それは結局，その同世代ゲームの中でどうなっていくかということであって，政府がお互いに話をして物事が決まっていくわけではないと思います。

　これからも国際交流基金は，いろいろな支援をしていきたいと思っております。その支援というのは財政的支援もあるし，さらに情報とかネットワークなどの面でも支援をしていきたいと思うわけですが，結局，国際文化交流の主体は広い意味での個人であると思います。

　同世代ゲームとの関連で一点，考えていくべきだと思いますのは，先ほどから出てきた「魅力」という言葉です。これは英語でパワー・オブ・アトラクションといわれていますけれども，国際政治の中でも国家の力というものの重点が変わってきたという説があります。この典型的なものとしてはハーバード大学のジョセフ・ナイ教授等が唱えているものですが，私もかなりそれに同感です。それは，国家は軍事力とか経済力などのハード・パワー——それらはこれからも重要ですけれども——に加えてソフト・パワー，これは相手を取り込む「魅力」の力，広義にいえば文化の力というものが非常に重要になってきたということです。それはなぜかというと，ハード・パワーによって他人を動かす，または自分を守るということがますますしにくくなってきた。それに比べてソフト・パワー，言い換えるとソフトな誘導力というものがより実際に使えるパワーとなっているということです。日本のように軍事力に重点を置かない国としては，これはとても大事なことだし，そのように世界が変わってきているということは，日本にとっては有利なことであると思います。ですから日本のソフト・パワー，「魅力」をどうやって高めるかが今後の大きな課題であろうと思いますし，それこそ国家的レベルでは日本にとって安全保障の1つだと言えると思います。

　同時にその魅力というのは，結局は個人の魅力ということに繋がっていくわけで，個人の持つ「魅力」をどう磨くかが「次世代ゲーム」の中で国としてのみならず，個人としても極めて重要なことではないかと思います。

（4月14日講演）

「リア」の創作

　国際交流基金アジアセンターの舞台芸術プログラムは，とりわけアジアの現代演劇に焦点をあて，優れた作品の招へい公演に力を注いできた。そこからさらに踏み込んで，アジアの仲間たちと一緒に新たな作品の創造をと計画したのは，95年秋のことである。一方通行になりがちな紹介だけでなく，共に創ることによって，アジア演劇の現在を見つめ直し，新たな可能性を探ってみようと考えたのだ。

　かかわる者全員が作品とできるだけ同じ距離を取れるようにしたいと，敢えて特定のアジアの国の戯曲を避け，既に普遍的な存在になっているアジア以外の戯曲から出発することを考えた。こうして，出発点としてシェークスピアの「リア王」を据えた。各国でさまざまに舞台化されているシェークスピア作品がどのように解体され，どのようなアジア的普遍を再構築することができるかにも，多いに興味があった。

　スタッフ・キャストは，国を問わずに必要なメンバーを選ぶことにした。演出はシンガポールの若手演出家オン・ケンセン，脚本は日本の劇作家・岸田理生に決めた。何回もの密度の濃い話し合いを経て，私たちの「リア王」は，娘による父殺しの話として生まれ変わった。そこには，新世代による旧世代の殺戮や，権力を奪取した人間の孤独といったテーマが透けて見えた。

　老いた父，リアに能の梅若猶彦，父から権力を奪取して果ては父を殺す娘に京劇の江其虎など，必要な俳優，音楽家を１人また１人と求めている間に，参加国は日本，中国，インドネシア，タイ，シンガポール，マレーシの6ヵ国，出身分野は伝統演劇，現代演劇，現代舞踏，伝統音楽（日本の琵琶，インドネシアのガムランなど），ポップスへと拡がっていった。いずれの分野からも第一線のアーティストの参加が得られたのは，プロジェクトを単なる共同作業の試みで終わらせず，極めて完成度の高い作品に昇華させた最大の要因であろう。

　確立されたアーティストたちであったが故に，作品完成に至るプロセスは苦しかった。それは，国の違い，文化の違い，出身分野の違い（特に伝統と現代の違い）など幾重もの差異の中から，新たな自分を発掘する闘いでもあった。しかし，そうした苦しみは結果的に，力強い作品となって結実した。97年９月，東京の文化村シアターコクーンで幕は開き，「リア」は大阪，福岡に巡演した。案が持ち上がってから，まる２年が経っていた。

　作品は大きな反響を呼び，すぐに幾つかの国や国際フェスティバルから招待

を受けた。その中から，香港～シンガポール～インドネシア～オーストラリア（99年1～2月）と，ドイツ～デンマーク（同6～7月）という2つのツアーが実現した。

　私たちは，各地で極めて大きな，しかもそれぞれに異なる反響を得，作品の持つ可能性を体感した。とりわけ印象に残っているのは，動乱直後のジャカルタでの公演であろうか。旅行者はもとより，海外の劇団が訪れるはずもないこの困難な時期にこそアジア演劇人のコラボレーションを問う意味があるのではないかという気持ちであったが，次の劇評はこの公演が与え得たものを確信させてくれた。

　　　芸術を社会の鏡像として，または未来像として捉えた場合，我々は「リア」によって"アジアの来るべき時代"を語ることができる。この作品には自由がある。各々（のスタイル）が独立し，それでいて制約があり，尊重しあい，他者の自由を阻害しない。国に例えるなら民主主義の国—個人が信条を持ちながら他人の信条を尊重し（中略），ジェンダーを超え，伝統と現代を隔てることなく，皆が共存すること。それこそが理想的なアジアの姿で，「リア」はそうしたことを想起させる。（1999年2月8—13日付け「D&R」誌）

　ヨーロッパでの反響の大きさも，私たちの想像を超えるものであった。ベルリンでは，17ヵ国が参加した大規模な国際フェスティバル「世界の演劇 1999」に参加したが，ドイツの一大インテリ週間新聞「ディー・ツァイト」紙は1999年7月8日号の「大海への一撃　ベルリン『世界の演劇』フェスティバル，ポストモダンからの脱走と伝統の探索」と題する記事の中で，「『リア』は"世界演劇"の具現だ。"世界演劇"は『リア』で目標へと近づいた」と絶賛した。

　日本からアジア，アジアからヨーロッパと，作品は変わり続けた。日本以来同じことを繰り返していたら，皆を最後までひっぱってくることはできなかっただろうし，ツアーを継続することも無意味だっただろう。作品だけでなく，私たち自身も変わった。「ディー・ツァイト」紙が賛えたように，「リア」が本当に"世界演劇"と評されるとすれば，それは，6つもの国の様式が1つの作品になっているからではなく，それが，アジアという枠を超えて観る者に普遍的な感動を与え得たからだと信じたい。

　ひと回りもふた回りも大きくなったメンバーたちは，それぞれの場へ帰っていき，それぞれの演劇活動に新たな視点で取り組んでいる。「リア」の創作を通して私たちは，共同作業とはつまるところ，他者と相対することによって自分自身を見つめ直すことだということを学んだのだと思う。

畠　由紀（国際交流基金アジアセンター・舞台芸術コーディネーター）

戦後の日米関係を振り返る
― 敗戦国からパートナーへの軌跡 ―

栗山尚一　国際基督教大学客員教授・元駐米大使

沖縄返還協定の批准書交換式（1972年3月15日）

はじめに

　私は外務省で41，2年ほど仕事をしましたが，その40数年の3分の2くらいはいろいろな形で日米関係の仕事に携わり，1992年から1995年はワシントンで駐米大使としての仕事をいたしました。このように外務省での勤務上長く日米関係の仕事に携わっていたため，1992年に大使としてアメリカに行く時に，恒例として外務省で外務省詰めのプレス・新聞記者の方々と記者会見をいたしましたが，その時に質問，抱負等を聞かれたわけです。記者会見の前から一部のマスコミの間では，私は外務省の中でいわゆる「親米派」だといわれておりました。それで，ある記者が私に質問をしまして，「『親米派』の大使が今度いよいよアメリカに行くことになりましたが，感想はどうですか」と聞いてきたものですから，私は「『親米派』と呼ばれるのを好まない」と言ったのです。私は決して「親米派」ではないし，強いて言えば，私は「新日米関係派」だということを言ったわけです。私は確かにアメリカは好きなのですが，アメリカが好きだということが私の外交官としての，あるいは外務省の人間としての職業的な判断を左右するというふうに見られては本意ではないということなのです。
　私は，日本のために日米関係というのは一番大事な関係であるということを，いわば職業的な信念として，ずっと仕事をして来ましたし，これから21世紀，日本にとってはいよいよ難しい時代になるわけですけれども，そのような時代にも日米関係というのは引き続いて日本にとってはおそらく一番重要な関係だろうと思っております。早い話が，北朝鮮がテポドン・ミサイルを発射して以来，北朝鮮の問題，あるいは朝鮮半島の平和の問題というのが日本の皆様も関心をもたれる問題だろうと思いますが，北朝鮮のミサイル発射というものをどうやって阻止するか，防止するか，あるいは朝鮮半島の平和をどうやって保っていくかということになると，どうしてもアメリカと日本，あるいは特に朝鮮半島の場合には，日・米・韓，この三国が非常に密接に協力をして対応していかなければならない。やはり，アメリカとの協力というのが日本の平和や安全というものにとって非常に重要だということがテポドンの問題ではからずもはっきり出てきたと思っていますが，テポドンや北朝鮮に限らず，これから21世紀というのは決して平和な時代ではないと私は思っています。しかし，それにもかかわ

らず，より平和な時代というものを作っていくために日本としてはどうすれば良いかということを考えると，結局アメリカとの協力というのが一番大事なことになるだろうと私は思っております。

　チャーチルがかつて言った有名な言葉がありますが，それは，「過去をできるだけ遠く遡ってみるということができれば，それだけ人間というのは遠く将来を見ることができるのだ」というものです。そのような意味で私は戦後50年の日米関係を振り返るということが，これからの日本，あるいはこれからの世界，あるいはこれからの日米関係というものを考える上で一番必要だと思っておりまして，それで今日，戦後の日米関係というものを私のお話のテーマとして取り上げさせていただいたわけです。

戦後50年の成功物語

　私はアメリカで4年足らず大使をしまして，その間，ワシントンばかりではなく全米各地で，大学やいろいろな団体の主催する講演会，あるいは公開講座などのようなものにも行きましたが，100回くらいアメリカで講演をいたしました。その時にほとんど「馬鹿のひとつ覚え」のように繰り返しアメリカ人に言ったことは，戦後の日米関係というのは，国際関係では例を見ない成功物語だということであります。それから，日本に帰ってきてからも，やはりこのようにいろいろな方を前にお話をする機会がありますが，その時にも常に言っていることは，戦後の日米関係というのは歴史で滅多に見られない成功物語だということです。なぜそのようにいえるのかということをまず考えてみたいと思うわけです。

　私から申し上げるまでもないわけですけれども，日本とアメリカというのはそもそも歴史も違うし，文化も違うし，言葉はもちろんのこと，宗教も違う。いろいろな面で非常に対照的に異なる2つの国であるわけであります。それだけ文化も歴史も非常に違う2つの国が密接に協力をしていくということは非常に難しいわけであります。加えて，日本とアメリカというのは50年前，どのように戦後の関係がスタートしたかといえば，一方の日本は敗戦国であったわけであります。それからアメリカは戦勝国，その中でも戦勝国のいわばリーダーであったわけであります。そのような敗戦国と戦勝国という非常に対極的な立場，対照的ではなく，対極的な立場というものから日米関係というものを改めて作り直さなければならなかった

わけであります。それだけのいわばハンディキャップを背負って，戦後の日米関係というのはほぼ50年前にスタートしたわけであります。そのような半世紀の間にそれではどうなったかというと，日米関係というのは，非常に緊密な同盟関係，あるいはパートナーシップといわれるような，単に安全保障だけではなく，政治，経済，社会，文化，あらゆる面で非常に広がりが大きい，いろいろな意味で幅の広い緊密な協力関係というものを築いたわけであります。そしてその結果，日本はそのような日米関係から非常に大きな利益を得ましたし，アメリカもやはり非常に大きな利益を日米関係から得た。また，単に日米がお互いにそのような二国間の関係から利益を得たばかりではなく，世界中，特にアジア太平洋地域の平和，安定，それから経済発展というものが何によって可能だったかというと，日米が戦後50年に緊密に協力をして築き上げた日米関係というものが，アジア太平洋地域の政治的な安定，それから経済的な発展というものにとって非常に大きな要素であったわけであります。それからさらにいえば，1989年にはご承知のように冷戦が終わるわけでありますけれども，なぜ冷戦が平和の内に終わったかということをよく考えてみると，アジア太平洋で日米というものがしっかり手を繋いで協力をしたということが非常に大きな1つの理由であります。それだけが理由ではありませんけれども，大西洋を挟んだアメリカとヨーロッパの同盟関係，それから太平洋を挟んだアメリカと日本の同盟関係が，冷戦というものが平和裡に，しかもいわば民主主義の勝利という形で終わることになった非常に大きな要素といえるわけであります。そのようなことを表現して，70年代から80年代にかけて11年間駐日大使を務められたマンスフィールド大使―この方は今96歳になられて，いまだにワシントンで矍鑠(かくしゃく)として健在でおられますけれども―この人が常々繰り返しアメリカ人，日本人に対して言っておられたことは，日米関係というものは「世界で一番重要な二国間関係」だ，ということであります。そのように表現できる日米関係というものがわずか50年の間にできた。50年というと皆さん非常に長い期間だというふうに思われる方もいるかもしれませんけれども，歴史という視点で見ますと50年というのは非常に短いんですね。わずかその50年の間に，文化も歴史も非常に違う2つの国が，しかも一方は敗戦国で他方は戦勝国という非常に対極的な立場からスタートしてこれだけの関係を作ったというのは国際関係の歴史ではないんですね。歴史の本をいくら見ても，それだけのことをわずか50年の間に成し遂

げた二国間の関係というのは存在しない。少なくとも私が勉強した限りでは存在しない。そのような意味で私は，戦後の日米関係というのは成功物語，歴史に例を見ない成功物語だということを繰り返し言っているわけであります。

　それで，何がそのような成功物語を生んだのかということですが，戦後の日米関係の足取りというものを見てみると，決して順調にそのような関係ができ上がったわけではないわけです。その間，いくつか「危機」といわれるようなこともありました。たとえば，1960年の安保改定，これは日米関係にとっては非常に大きな危機でありました。それからごく最近では1990年，1991年の湾岸戦争。皆さんも覚えておられると思いますが，この湾岸戦争というものも日米関係にとっては非常に難しい状態をつくり出したものであります。その他にもいろいろありました。1970年代の始めにはいわゆるニクソンショックというのが2つありまして，1つのニクソンショックというのは，アメリカが日本の頭越しに中国との国交正常化をやろうとしたこと。次いで，通貨の問題でやはりニクソンショックというのがありまして，そのようなことで日米関係にとって1970年代の始めは難しい時期でした。それから，80年代から90年代，これは皆さんよくご承知の経済摩擦，貿易摩擦というのが日米間で相次いで起こりまして，これにどう対応するかということがアメリカにとっても日本にとっても単に経済問題ではなくて，非常に大きな政治問題になりました。

　そのように決して戦後の50年の日米関係の歴史というのは順調に発展したわけではなく，その間，日米両方の政府の努力もありましたし，それから，お互いの政治指導者たちが先見性というものを持って問題に対応したということもあります。それから，やはり，その基礎には日米の草の根レベルでの友情や相互信頼，あるいは相互尊敬などというものが全体の日米関係を支えていたということもいえると思います。しかし他方，振り返ってみますと，さっき申し上げたようにマンスフィールド大使が「世界で一番重要な二国間関係」というのが日米関係であるということを繰り返し言ったわけですけれども，それでは日米関係がそれだけの潜在力を充分に活かしたか。考えてみると，必ずしもそれだけの潜在力というものを充分活かすことができなかったという反省が私自身もありますし，日米関係に携わってきた双方の人たちの間にはそのような気持ちがやはりあると思います。潜在力というものをなぜ充分活かしきれなかったかということも今日

のお話で少し考えてみたいと思うわけです。これから21世紀の日米関係における，そのいわば成功物語の「第2章」と言いますか，「続編」というものを日米は一緒になって書かなければいけないと思っています。けれども，もう一度成功物語を書くためには，これまでの50年のことをよく振り返ってみるということが必要だろうということであります。そのことが，大変長くなりましたけれども今日の私のお話のいわば序論であります。

1950年代から1960年代―サンフランシスコ体制から始まった戦後の日米関係

そこで50年の日米関係がどこから始まったのかということからまずお話したいわけですが，皆さんもよくご承知のように太平洋戦争が1945年に終わりまして，それから後6年余り占領が続いて，1951年の9月，サンフランシスコで，対日平和条約とそれから安保条約というものが署名をされて，そこから戦後の日米関係がスタートするわけです。1951年ですから，再来年にはちょうどそれから50年ということになるわけです。この対日平和条約と安保条約とを合わせて，日本の政治学者の人たちはこれを「サンフランシスコ体制」というふうによんでいます。サンフランシスコ体制とはそもそもなんだろうか，ということを少しお話したいと思うわけです。日本にとって平和条約というのは，戦争というものを法的に終結させて，そして日本が占領から解放されて主権，あるいは独立というものを回復して，国際社会に復帰する，そのためにはどうしても通らなければならない道であったわけであります。それから，安保条約というのは何かというと，平和条約によって独立を回復した後の日本自身の平和と安全をどうやって守るかという時に，日本が選択した日本の平和と安全を守るための手段であったわけです。日本から見ると，平和条約と安保条約というのは，そのような意味があったわけであります。ところが，アメリカから見ると，これは若干違う性格のものであります。アメリカから見て平和条約と安保条約というのは，戦後第2次大戦が終わって，戦勝国のリーダーとして登場したアメリカが戦後の新しい国際秩序というものをつくろうとしたわけでありますが，対日平和条約と安保条約というのは，正にそのようなアメリカがつくろうとした戦後のグローバルな国際秩序の一環，あるいは一部という性格を持っていたのです。すなわち，アメリカから見ると，非常にグロ

ーバルな政策の中の1つの柱として平和条約，安保条約というものが位置付けられていたということであります。戦後のアメリカ，第2次大戦の戦勝国のリーダーとして登場してきたアメリカが何を考えたかということでありますが，アメリカは，それまでのいわば国際政治の主流で伝統的な考え方でありました勢力均衡，"balance of power"などといいますが，それによらない，そして民主主義と自由経済——今は市場経済というふうにいわれますが——のような理念に立ったグローバルで普遍的な国際秩序というものをつくろうとした。そしていわば3つの柱からなる新しい戦後の国際秩序というものをつくったわけであります。

　1つは国連であります。それから2つ目は国際金融秩序というものを確立するためにブレトン・ウッズ体制をつくる。具体的には，最近のアジアの金融危機で有名になりましたけれども，IMFと世界銀行，この2つの機関からなる国際通貨金融体制というものを構築する。それから3つ目が世界の貿易のルールを確立するための機関としてGATT（ガット）をつくる。国連と，GATTとブレトン・ウッズ体制という名前で呼ばれます世銀，IMF，この3本柱でもって，具体的に戦後の国際秩序をつくろうとしたわけであります。

　ところが，そこで起こった問題はソ連との対立でありまして，ソ連はそのようなアメリカ主導の，しかも民主主義，それから自由主義経済，資本主義といってもいいですが，そのような理念をベースにした国際秩序を受け入れることは自分自身の政治・経済体制と基本的に相容れないというふうに考えた。そこで，そのようなアメリカ主導の国際秩序というものを受け入れることを拒否したわけであります。ソ連は国際社会における自分の発言権を確保するために，もちろん国連には入りました。国連には入りましたけれども，決してアメリカが考えたような国連の理念，世界の平和の番人としての国連というものを受け入れたわけではなかったわけであります。その証拠に冷戦下で国連が事実上機能しなかったわけでありますけれども，機能しなかった最大の理由はソ連が拒否権を使って国連が効果的に機能することを阻止したからであります。それで，ソ連は，自分の国の共産主義体制，あるいは計画経済体制というものを守るためにそのようなアメリカ主導の自由主義経済，あるいは民主主義政治体制というものをベースにした新しい戦後の国際秩序というものを受け入れることを拒否して，むしろ伝統的な勢力均衡政策というものを追求し，自分の勢力圏というも

のをヨーロッパとアジアにつくろうとしたわけであります。特にヨーロッパでは，いわゆる「鉄のカーテン」でヨーロッパを二分して，東ヨーロッパには共産党とそれからソ連の軍事力というものでコントロールするいわば衛星国を自分の支配下におく。アジアでもモンゴルを同じように自分の衛星国にしてしまう。それから朝鮮半島では，北朝鮮，朝鮮民主主義人民共和国というものを支援して朝鮮半島を2つに分けてしまう。そのようなことで，主としてヨーロッパでありますが，アジアにおいても自国の勢力圏をつくるということをしようとしたわけであります。

こうしたソ連の動きをアメリカはどのように受け止めたかというと，これは自由主義体制をとる西側の世界にとって非常に大きな脅威だと受け止めたわけであります。西ヨーロッパの国もまったく同じようにソ連の脅威というものを深刻に受け止めていた。そしてこのソ連の勢力がヨーロッパ全体に広がるということをなんとか阻止しなければいけないということで，アメリカは有名な「封じ込め政策」というものを展開し，マーシャルプランで大規模な経済援助を西ヨーロッパの国に与える。そしてNATOをつくって西ヨーロッパを軍事的に防衛するという政策を打ち出したわけであります。これが戦後40年続いた冷戦の始まりであります。要するにアメリカがつくろうとした戦後の国際秩序というものをソ連が拒否して，ソ連は自分自身の秩序というものを自分の周りにつくるということを考えた。この東西2つの秩序が対立し，軍事的にも政治的にも，イデオロギー的にも経済的にも対立するというような現象が起こったのが正に冷戦なわけであります。それでこの冷戦が，さっきも少し申し上げましたけれども，朝鮮半島を南北2つに分ける。それから，1949年に中華人民共和国が誕生するわけでありますが，その中国とソ連が同盟関係を結ぶ。そして1950年には朝鮮戦争が起こる。こういうことで，そもそもヨーロッパで起きた冷戦というものがアジアに拡大するわけであります。

そのような中でアメリカは日本をどうしようと思ったかということでありますが，アメリカは日本がアジアにおいて地理的に重要な戦略的な位置を占めているということに着目した。それから日本が持っている非常に大きな経済的な潜在力というものにも注目した。この重要な地理的な位置を占め，非常に大きな経済的な潜在力を持っている，そして民主主義の国に生まれ変わろうとしている日本というものを西側の世界の中にしっかりと組み込んでおくということが，封じ込め政策の中での優先的な政策でなけ

ればならないとアメリカは考えたわけであります。そして日本との平和条約，そして安保条約というものがそれを具体的に実現するための手段だと考えた。平和条約についてはどうしたかというと，日本を中立化しようとしているソ連の平和条約への参加というものを拒否する。結局，ソ連抜きの平和条約というものをつくるということを考えた。それからその平和条約の中身ですけれども，今度はできるだけ寛大な条約を平和条約にしようとした。これは，第1次大戦後に敗戦国のドイツに対して戦勝国―第1次大戦の後は日本も戦勝国であったわけですけれども―アメリカ，イギリス，フランス，日本等がベルサイユ平和条約というものをつくって，ドイツとの平和回復を行ったわけですが，その時に過酷な賠償や領土，軍備，経済など，いろいろな面で非常に過酷な条件をドイツに課し，それが結局はドイツのナショナリズムというものを誘発して，ヒトラーのナチズムに結びつき，そして第2次大戦に繋がったということの反省というものがあったからです。したがって，アメリカは，第2次大戦後の国際秩序のためには，日本に対してそのような過酷な条件を課して平和条約を結ぶと必ず将来，日本がそれに反発をしてもう一度アジアの平和を脅かす存在になる可能性から，できるだけ日本をしっかりと自由世界に組み入れておくためには寛大な平和条約というものにする必要がある，と考えた。

それからもう1つは，安全保障。冷戦封じ込め政策というものをグローバルに遂行していく上でどうしてもアメリカが必要としたのは，東アジア―当時極東と言われていましたけれども―において安全保障体制をつくることである。そしてそのためには米軍をどこかに駐留をさせる必要がある。地理的に，戦略的にいって，どこが一番大事かということを考えた時にそれは日本だと考えた。どうしても平和条約の後，日本に米軍が引き続き駐留できるような条件，体制というものをつくっておく必要があるということをアメリカは考えた。そのために，日本を防衛すると同時に日本に米軍を駐留する，日本に基地を置いて米軍が駐留できる法律的なベースをつくる必要があるということでできたのが安保条約であります。

そのような平和条約と安保条約の2つの柱がサンフランシスコ体制と呼ばれるものでありますけれども，アメリカが結局日本に要求したのは何なのかということを考えてみると，それは要するに，東西2つの秩序の対立の中で日本は西側の秩序，当時自由世界ということもいわれましたけれども，その自由世界の秩序というものを選択する。そして政治的，経済的に

日本が西側にコミットするということをアメリカはいわば求めたわけです。その手段が平和条約であり，安保条約であったわけであります。それを受け入れるということがサンフランシスコ体制の意味であったわけです。

当時の日本の政治指導者，総理大臣が吉田茂さんであったわけでありますが，吉田茂さんは，これを受け入れるということで戦後の日本のいわば路線を敷いたわけであります。吉田さんにとって他に現実的な選択肢があったのかということを考えてみると，日本が敗戦国として置かれた状況からみて，他に現実的な選択肢はなかったわけであります。皆さん方の中にはご記憶の方もおられるかもしれませんが，若い人は本で読むより仕様がないのですけれども，平和条約を結ぶ時に非常に日本の中では大きな議論がありました。「全面講和」か「多数講和」かということで，日本の中では大変な議論がありました。多数講和というのは，要するにアメリカが提案したソ連抜きの平和条約ということであります。全面講和というのは，ソ連が入った平和条約ということであります。要するに，ソ連も参加をした平和条約を結ぶか，あるいはアメリカが提案しているソ連抜きの平和条約を結ぶかということで当時日本の中では大変な論争が起こったわけであります。

当時の日本の知識層，いわゆるインテリ知識層と呼ばれた人たちの中の非常に多くの人は全面講和というものを主張して，そして吉田さんが受け入れようとした多数講和というものに非常に強く反対したわけであります。当時の東大の総長をしていました南原博士なども全面講和論者の有力な1人で，吉田茂総理に対して多数講和の反対論を展開した。吉田さんは南原さんのことを「曲学阿世の徒」だと言って，罵ったというので，当時マスコミに取り上げられて，吉田・南原論争ということで大変話題になりました。それは一例ですけれども，当時の日本の知識層の中にはかなり強く，今申し上げたようなサンフランシスコ体制，要するに西側の政治・経済体制にコミットするということに対する反対があったわけであります。それは必ずしも不思議なことではないわけでありまして，戦後まだ早い時期においては，社会主義とか共産主義のイデオロギーというものはかなり日本，あるいはヨーロッパの知識層の間では非常に人気があったわけであります。それは，1つには戦前の資本主義というものに対する反省というものがあったわけです。1929年から1931年にかけて世界大恐慌が起こって資本主義体制というものが非常に大きな欠陥を持っているということがわかったわ

けでありますが，その結果として失業も増えて経済が大混乱に陥るようなこともあった。そのようなこともあって，社会主義経済，あるいは共産主義体制というものが1つの理想として知識層の間には魅力を持って見られた時期があるわけであります。したがって，日本の知識層もそのような影響を受けた面がかなりある。

　それからさらにもう1ついえることは，やはり戦後日本は6年半占領下に置かれていまして，いわば世界からまったく孤立して外の世界がどういうふうになっているかということがよくわからない。そのようなことから東西対立というものの性格も余りよく理解できなかったということがあると思います。それからもう1つは，戦争の体験，あるいは敗戦の体験というものが日本国民の間にかなり強く残って，これは当然のことですけれども，日本の国民の中には戦争というものを「絶対悪」だと見る傾向が戦後日本の中に非常に強く残ったということがいえると思います。そのような要素がいろいろ重なって全面講和というものを主張する日本の知識層の声に反映された。それから安保条約に対する反対もそのような一環としてでてきたわけであります。

　しかし，考えてみると，日本の当時の知識層が言ったような全面講和というものを選択しようとすればどういうことになったかというと，アメリカが日本を西側の世界の中に取り込もうとすることに対して，ソ連は日本を中立化しようと思っていたわけでありますから，そのような基本的に考え方が違うアメリカとソ連の間で平和条約の中身について合意できるはずがなかったわけであります。したがって，それはどういうことかというと，占領がいつまでも続くということであったわけです。占領を終えようと思えば，アメリカが提案している多数講和というものを受け入れる，ソ連抜きの平和条約というものを受け入れるしか選択肢が吉田さんにはなかったというふうに考えていいと思います。それから独立を回復した後，日本の平和と安全をどうやって守っていくのかということは吉田さんも考えたし，当時の外務省も真剣に考えたわけであります。

　それでは，国連に日本の平和を依存するのかというと，国連はもちろん世界の警察官ではありませんから，アメリカとソ連が対立してソ連の拒否権で国連が動かないという状況の下で日本の平和を国連に依存するということはできない。そうなると，ではどうするのか。日本と関係国，たとえばアメリカ，イギリス，中国，ソ連，この4ヵ国でもって戦後の日本の安

全を保証する条約をつくって，そしてそれによって日本の安全というものを守ることはできないかと考えた人もいるわけです。しかし，その東西対立の下でそもそも関係国の意見が一致しないわけでありますから，そのような国に日本の安全を委ねるわけにはいかない。そうなると結局吉田さんはアメリカの要求している米軍の駐留というものを受け入れて，それによって日本の独立回復後の平和というものを維持していくということがベストであるし，それ以外の選択肢はないと考えたわけであります。そこで吉田さんはサンフランシスコに1951年の9月に出かけて行って，平和条約を結ぶ。平和条約は日本の全権団が行きまして他のいわば超党派とまではいきませんでしたけれども，他の全権の人も一緒にサンフランシスコのオペラハウスで平和条約に署名するわけでありますが，安保条約については国内の非常に強い反対があるということから，吉田さんは1人で署名式場に行って安保条約に署名したわけであります。吉田さんとしては，自分が政治家として日本の戦後の平和について責任を負うという覚悟で安保条約には1人で署名したわけでありますが，これが戦後「吉田ドクトリン」と呼ばれるようになるわけです。

　「吉田ドクトリン」というのは何かというと，独立回復後の日本の国際的な座標軸というものを西側の世界の中に置くということです。日本の安全保障，日本の安全についてはアメリカに頼む。そしていわゆる軽武装，軍備の負担というものを最小限度に押さえて，経済復興というものを優先させる，ということが吉田さんが戦後敷いた日本の外交路線なわけであります。このいわば軽武装，経済優先という戦後の日本の政策が，その後の日本の平和と繁栄のいわば基礎になったということがいえると思います。

　ところが，アメリカは，朝鮮戦争が起こったものですから，日本の防衛というものをどうするかということについて，改めて考えなくてはならなくなったのです。当初のアメリカの占領政策は，日本を完全に非武装化するということであったわけです。しかし，朝鮮戦争が起こってそのようなわけにはいかないということになって，吉田さんと平和条約の交渉に来たアメリカのダレス特使は，吉田さんに対して日本は再軍備をしてくれということを要求したわけです。30数万の日本の軍隊をつくってくれということを吉田さんに要求するのですが，吉田さんはそれを拒否するわけです。

　拒否した時に吉田さんが挙げた理由は3つあるのです。1つは，当時の日本はそれだけの軍備をする経済的な負担に耐えられない。2つ目の理由

は日本の民主主義というのはまだ弱い。再軍備するということは日本にまた軍国主義が復活する危険というものを生む。それから3つ目の理由は，日本も周りの国にはまだまだそのような日本の過去の軍国主義に対する警戒心，懸念というものが強い。そのような状況の下で日本はあなたの言うような再軍備はするわけにはいかないと言って，吉田さんはダレスの再軍備要求を拒否したわけであります。今挙げた3つの理由というのはなかなか興味深いもので，吉田さんという人は非常に現実主義者でありましたから，もともと外交官で共産主義が非常に嫌いな自由主義者ではありましたけれども，当時，もちろん既に日本の憲法第9条というのはあったわけですが，アメリカに対しては憲法の話は一言もしていないのです。吉田さんの回想録などを見てもそのようなことははっきり書いてありませんけれども，私の推測では，いずれ日本が経済的に復興し，日本の民主主義も定着して，そして日本の周りの国も日本の軍国主義の復活を心配しないような状況ができた時には，自分の国は自分で守るというのは当たり前のことなので，その時にはまたその時のことだと吉田さんは考えておられたのではないかと言ってもまず間違いないだろうと思います。しかし，アメリカはそのようなことで再軍備というものを，平和条約，あるいは安保条約にサインするための条件としては吉田さんが非常に強く反対したものですから取り下げたわけです。

　しかし，その後もアメリカはかなり強く日本の再軍備の要求をし続けた。それは，朝鮮戦争でアメリカは戦わなくてはなりませんでしたから，日本の防衛まではなかなか手が回らない，日本の防衛のためには日本自身が相当責任を持ってくれなくては困るというのが，アメリカからみるときわめて当然な要求であったわけであります。したがって，平和条約ができた後もしきりとアメリカは日本に対して再軍備要求を続けた。吉田さんもついに妥協せざるを得なくなって，アメリカの言っている30数万という軍隊ではなくて，そのいわば半分の18万ということでアメリカと手を打って自衛隊を1954年につくるわけであります。これはアメリカの再軍備要求に対して吉田さんが妥協して払ったコストであったわけであります。

　吉田さんがしようとしたことは，アメリカが要求した西側の政治・経済体制へのコミットというものをむしろ積極的に受け入れる，これが日本の将来にとってベストだと考えてそれを受け入れる，しかし，そのために払わなければならないコストというのはできるだけ小さくしようというのが

吉田さんがしたことであるわけです。それでその1つが再軍備要求というものをできるだけ値切る，できれば拒否するということであったわけです。拒否しきれなくて最終的には妥協ということで，自衛隊を吉田さんは1954年につくるわけでありますが，もう1つ吉田さんが非常に努力をされたことは，領土の問題であります。戦争中の連合国の合意に基づいて，朝鮮は独立させる，それから台湾は中国に返す，千島列島はソ連に返す，そのようなことが連合国の間で合意されていたわけであります。しかし，それ以外の日本の固有の領土については割譲を求めないということでありましたけれども，沖縄と小笠原だけはアメリカは軍事的な必要性から日本の施政権から切り離して，アメリカの施政下に置くということをしようとしたわけであります。吉田さんはそれはやむを得ないと認識したわけでありますが，そのアメリカの施政権というものが恒久的なものになって，事実上，日本が沖縄と小笠原を失うことになるということでは非常に困るということで，アメリカと大変粘り強く交渉して，アメリカに沖縄，小笠原については日本に「潜在主権」があるのだということを認めさせたわけです。
　「潜在主権」という言葉は実は国際法の教科書を見てもどこにもそのような概念はないのですけれども，当時吉田さんと交渉した，そもそもは法律家だったダレス特使が考えだした概念でありまして，日本が潜在的に沖縄，小笠原に対しては主権を持っているということであります。アメリカがその上に一時的に施政権を行使しているという形を認めて，サンフランシスコの講和会議でも，沖縄，小笠原に対しては日本は潜在的な主権を持っているのだということを公式に認める発言をしたわけです。これが日本が後に1960年代から1970年代の初めにかけてアメリカと交渉して小笠原，そして沖縄を返還させるための足がかりになったわけであります。
　そのようなことで，サンフランシスコ体制というものが発足して戦後の日米関係というものがスタートするわけですが，当時の日米関係では当然，冒頭にも言いましたけれども，日本は敗戦国でありましたし，アメリカは戦勝国でありました。日本は本当に戦後，無一文から立ち直らなければならなかったし，アメリカは，世界のGNPの半分近くを1国でつくり出すというだけの圧倒的な経済力を持つ超大国であったわけです。今アメリカは，ソ連がなくなって唯一の超大国だということがよくいわれますけれども，今のアメリカと当時のアメリカを比べますと，当時の方が比較にならないほど強かったわけであります。

そのような圧倒的な国力の差というものを反映した日米関係とはどんなものだったかといいますと、それは要するに、日本がアメリカに全面的に依存する関係であったわけであります。これは政治的にも軍事的にも、経済的にも、全面的にアメリカに依存する関係であったわけであります。安全保障の面では、さっき言いましたように、安保条約でアメリカに日本の安全を守ってもらうということ。これはもちろんそのような安全保障の面では対米全面依存ということであったわけですけれども、それ以外の面でもアメリカに対する日本の依存というのはきわめて強かった。日本は戦後、1956年には国連に加盟をします。それから1964年にいわゆる先進国のクラブといわれていますOECD（経済協力開発機構）に加盟をします。日本は初めて先進国の仲間入りをしたということがいわれるわけでありますが、そこにいく過程で、たとえば1952年には世銀、IMFに加盟をしますし、1954年にはGATT（ガット）に入ります。1950年代から1960年代にかけて、日本の国際的な地位が着実に上がっていくわけでありますけれども、その過程では常にアメリカが強力な後押しをしてくれたわけであります。アメリカはべつに博愛主義で日本を後押ししたわけではなくて、そうすることがアメリカの利益だと考えて後押しをしたわけでありますけれども、結果的にそのアメリカのおかげで日本は国連に入り、そしてGATTに入り、そしてやがてはOECDに入って先進国の仲間入りをするわけであります。

　特に経済の面では、日本はGATTに入って自由貿易体制の利益を受けることになるわけでありますけれども、当時は日本がGATTに入ることに対しては国際的に非常に強い反対があったわけであります。これはヨーロッパの国が、日本がGATTへ入ってきて、日本の安い製品に対して自国のマーケットを開いて競争するのではとてもかなわないということで、日本がGATTに入ってGATTの無差別待遇というものを日本に対して与えるということに対して非常に強い反対、あるいは消極的抵抗があったわけでありますが、それをおしてアメリカはGATTに日本を入れた。それからアメリカ自身が他国に先駆けて日米通商航海条約を結んでアメリカのマーケットを日本の製品に対して開いたわけであります。このおかげで日本の戦後の経済発展というものが可能になった。もちろん占領中にアメリカは日本に対して巨額な援助をしました。当時のアメリカの援助は約21億ドルといわれていますが、当時の円・ドルレートの360円で換算しても7000億円になるわけですから、大変巨額な援助です。占領が終わってからは援助はな

くなりましたけれども，朝鮮戦争が起こっていわゆる特需というものがありまして，これは要するに，米軍がいろいろな必要な資材，役務を日本の中で調達する，それをドルで調達する。日本は米軍の調達から得たドルで必要な石油，石炭，鉄鋼などを買って，そして輸出をする。当時は日本の輸出の3倍の輸入をしなければいけなかったわけですが，その輸入をするのに必要な外貨というものをアメリカがいわば供給した形になったわけです。それは特別な形でしたけれども，いわゆる普通の貿易というものを通じて，戦後，日本が非常に大きな経済発展をすることができた最大の理由というのは，日本が自由貿易体制の中に入れたということであります。それを可能にしたのは正にアメリカの力，アメリカの支援だったわけであります。

　それで，いわば一方的に日本がアメリカに依存した関係というのは実は皆さんもなんとなくわかると思いますけれども，本来の国と国との関係でいいますと非常に不健全な関係なわけであります。なぜ不健全かというと，当然依存している方はそのような従属的な関係というものに対して不満をもつ。そしてできるだけ自立をしたいと，これはある意味では健全なナショナリズムでありますけれども，そのような自立への欲求が常に働くわけであります。依存されている方も決してこれはいい話ではないわけで，だんだん依存されているということの負担というものに耐えられなくなってくるわけであります。それから，そのような依存されるという関係から抜け出したいという気持ちが当然働く。したがって，非常に不安定な関係でありますし，私に言わせれば非常に不健全な関係。

　しかし，そのような関係が実は20年続くわけです。1950年代から1960年代の終わりまでほぼ20年，そのような日本の一方的な対米依存関係というものが続くわけです。なぜそのような関係が可能だったかということでありますが，それはまず日本側から見ると従属的な関係に反発しがちでありますけれども，遥かにそれを上回る現実的な利益を日本は日米関係から得られたということがあるわけです。1つは，アメリカの軍事的な傘の下に入ることによって，日本の平和が現実に守られている。そして経済の面で見ると，自由貿易体制に日本が入ったということによって，戦後の経済復興，それから1960年代の，国際的には奇跡とまでいわれる日本の経済発展というのが可能になって，それによって国民の生活も急速に豊かになる。そのような現実的な利益を日本国民が実感したということが基本的にある

わけです。吉田ドクトリンの軽武装，経済優先のメリットを日本国民が非常に感じたということであります。それからもう1つ大きかったのは，やはり日本の国民の大多数が戦後アメリカに対してもった尊敬の念であります。民主主義のモデル，あるいは非常に物質的に豊かな国としてのアメリカに日本人は非常に惹かれたし，尊敬をしたということが，そのような依存関係を上回る日本人のアメリカに対する親近感をつくりだしたということがいえると思います。

　それから今度はアメリカから見ますと，依存されているということについての不満があったわけでありますが，しかし，それを上回るものがあった。その1つはやはり冒頭でも言いました，アメリカが冷戦を戦っていくための「封じ込め政策」の一環であった日本を西側の世界に組み込むということが行われて，アメリカは非常に大きな戦略的な利益を得たということがあるわけであります。2つ目の理由は，やはりアメリカは何といっても当時は圧倒的な国力を持っていましたから，心理的な余裕というものがあって，依存されることに伴うアメリカの政治的，経済的，軍事的なコスト，そのようなものをアメリカが払う心理的な余裕があったということがいえると思います。それから3つ目，これは非常に大きな要素なのですけれども，アメリカから見ると，日本は，戦後のアメリカの政策のきわめて優秀な優等生であったのです。日本から見ますと，民主主義というのは大正デモクラシーの時代があって一旦芽生えた民主主義というものが戦後もう一度復活したと考えることもできるわけですが，アメリカから見ると，日本の民主主義というのはやはり戦後アメリカが教えたのだ。そしてその教えた民主主義が日本の中に根付いて日本が見事に民主主義国として生まれ変わる。それから経済的にも奇跡とよばれるような経済復興をして，1960年代には先進国の仲間入りをするというところまで日本は発展した。

　これはやはりアメリカから見ると大変優等生であったし，そのような日本に対し非常に尊敬の念を持った。日本からアメリカに留学をした人が皆アメリカに驚いて，なんでこんな国と日本は戦争をしたんだろうと，なんて愚かなことをしたものだろうと思って皆帰ってきたわけであります。アメリカの方はアメリカの方で，米軍が日本に何万となく駐留する，そのような人たちがどんどん入れ替わって，延べでいくと何十万というアメリカの軍人が日本に駐留する経験をしたわけです。その家族も入れると100万以上のアメリカ人が，短い人は数ヵ月ですが，長い人は数年日本で生活す

る。その家族もそのようなことで日本を見る。彼等が皆が皆日本のことをよく知ったというわけではありませんけれども、大多数の人はアメリカに帰って日本というのは大変立派な国だということを皆に話したわけであります。そのような人たちの日本に対する尊敬とか、積極的な評価というものが日米関係を支えたし、さっき言ったような本来は不健全で長続きのしないであろう一方的な日米関係というものを20年間にわたって支えたわけであります。

1970年代から1980年代──戦後の日米関係の第2期

そのような時代が終わって、1970年代から日米関係というのは第2の時代に入るわけであります。日本のアメリカに対する全面依存の関係というのが戦後20年間続いて、1970年代から1980年代にかけては日米関係の第2期ということになるのですが、その前に、1960年代の安保改定についてお話しなければなりません。

安保改定というのは何だったのかといいますと、対米全面依存の時期が続く中で、少しでも安全保障の関係でそのような対米全面依存というのを薄めて、そしてアメリカとの関係において自立したいという国民の要求に政府が答えようとしたと捉えることができると思います。1951年に吉田総理が旧安保条約に署名した時から安保条約につきまとったイメージとして対米従属的な条約だということがあったわけであります。そのような対米従属的というイメージを生んだ理由というのは3つありまして、1つは、その条約のどこを見てもアメリカがはっきりと日本を防衛するということ、いわば対日防衛義務ということがはっきり書かれてないということ。それから2つ目は日本にたくさんアメリカの基地が置かれたわけでありますけれども、核兵器の持ち込みを含めて、アメリカの基地の使用について日本にはまったく発言権がないということ。それから3つ目は日本にいる米軍の軍人、あるいは軍隊に対して認める特権というものが非常に大幅で、そして過大だと。他にもありましたが、大きくいうとその3つの面でどうも安保条約というのは非常に日本にとっては従属的な条約であり、そのような面を直す必要があるという声が国内的に強かった。そのような国民の感情に答えようとして、当時の岸総理がやろうとしたのが安保改定交渉であったわけであります。そしてアメリカの方は、そのような日本の国民感情、

あるいは国内政治の要請というものを受け止めて，それにある程度答えないと日米の安全保障関係というものは安定しないと考える。したがって，岸総理が要求した3つの問題，アメリカの対日防衛義務の問題，それから基地の使用の問題，それから米軍の特権の問題。その3つの問題についてほとんど全面的に日本の要求というものを入れて条約の改正というよりも，まったく新しい条約をつくったわけであります。それが新しく1960年にできた日米安保条約で，現在も続いている条約であります。

そしてその新しい条約では，アメリカは日本防衛の義務があるということを条約上はっきりと書く。それから基地の使用については，3つの点について日本とは事前に協議しなければいけないという条約上の義務をアメリカが負うことになった。1つは核兵器を日本に持ち込もうとする場合。2つ目が一番重要なわけでありますけれども，日本が攻撃されていない時に日本の基地から米軍が戦闘作戦行動を取ろうとする，すなわち飛行場から米軍機が飛び立ってどこかを爆撃するというのが典型的なケースですけれども，そのような戦闘作戦のために日本が攻撃されていない時に日本の基地を使う時には—日本が攻撃されている時はもちろんアメリカに自由にやってもらわなければ困るわけですから，そのような制約を米軍に課すことは必要がないわけですが—日本と協議しなければならない。すなわち，もし日本がノーと言えば米軍はそのような基地の使用ができないということを条件として課したわけです。それから米軍の特権の問題についていえば，地位協定というものを結んで，アメリカがNATOの同盟国と結んでいるそのような地位協定とほぼ同等のレベルまでアメリカの特権を制限する。そのような形の地位協定というものをつくるということでアメリカは全面的にほとんど日本の要求を入れて新しい安保条約を結んだわけであります。

その結果，いわゆる従属性というものが大幅に薄められた。日米の間の条約上の権利義務関係というのはかなり対等なものになった。しかし，それでも2つの面で旧安保条約の構造というものが残ったわけであります。1つは，条約の「片務性」といわれているものであります。片務性というのは，要するにアメリカは日本を守る義務を負うけれども，日本は逆にアメリカが攻撃された時にアメリカを守る義務はないということであります。ですから，これは相互防衛ではないということ。アメリカが結んでいる，あるいは普通二国間で，あるいは多国間で結ぶ防衛条約は必ず相互防衛，当然のことですけれども，一方が攻撃されれば他方の国が守り，助ける。

しかし，それは逆の関係も同じというのが普通の条約の姿なわけでありますが，日本は憲法9条があるためにそれができないということで，一方的にアメリカが日本を防衛する義務を負うという形での片務性というものが残ったわけであります。実は片務性という話をしますと日本の中には，安保条約というのは決して片務的なものではない，なぜならば，日本に米軍を置くことによって，アメリカは非常に大きな利益を得ている，ですから，そのような利益のバランスを考えると，決して安保条約というのは片務的なものではないという議論をする人がいます。それはまったく理屈がないわけではないのですが，そうはいってもいざ戦うという時にアメリカの国民は日本を守るために血を流すということが条約上義務付けられているけれども，日本人はアメリカを守るために血を流すことはないということは，これは基本的に普通の防衛条約にない姿であります。これはひとえに日本には憲法9条があるためにそのようなことになっているわけで，この片務性というのは本質的な意味での安保条約の特異な姿であるということを日本人は忘れてはいけないことだと思います。

　それから，もう1つは安保条約の持っている「地域性」ということであります。安保条約というのは単に日本を守るためだけの条約ではなくて，条約では「極東」という言葉を使っていますが，要するに東アジア，日本を含む周辺の—最近は例のガイドラインというもので「周辺地域」という言葉が非常にマスコミで話題になりましたが—地域の平和と安全を守るために米軍が日本の基地を使うことができるのだと，そのような形になっているわけです。これも安保条約が普通の防衛条約とは違う特異な面であるわけです。なぜこのようなことになったかというと，ご承知のようにアメリカは封じ込め政策をする上でヨーロッパではNATOという集団防衛条約をつくったわけであります。ヨーロッパでNATOができたのはなぜかというと，西ヨーロッパの国は，基本的には自由世界，民主主義の国であり，それからソ連という共通の脅威があった。その共通の脅威から自分たちを守るという1つの社会の共同体意識というものがヨーロッパとアメリカに存在して，それが地域的な集団防衛条約というものを可能にするベースになっているわけであります。アジアにはたまたまヨーロッパに存在するような共同体意識というものが存在しない。存在しないのみならず，脅威というものについて必ずしも共通の認識がない。中には日本が自分たちにとって脅威だと思っている国すら日本の周囲にあるという状況ですから，ヨ

ーロッパの状況とは基本的に違う。そのような中でアメリカとしては共産主義を阻止するための安全保障体制というものをつくる。どうやってつくるかというと，それは集団的な地域的な条約をつくるベースがありませんから，各国と個別に防衛条約を結ぶより仕様がないということで，日本とアメリカ，アメリカと韓国，アメリカと台湾，アメリカとフィリピンというふうに二国間で防衛条約を結んで，地域的な安全保障を確保するというシステムをつくったわけです。その中で日本が一番地理的，軍事的に見れば要になる国であるということから，日本に駐留する米軍というのは日本の周りの朝鮮半島とか，台湾地域とか，そのようなところの安全を守るためにも使わなければならない。それを確保するということが安保条約の1つの大きな目的であったわけです。逆に日本にとっては朝鮮半島の平和とか台湾地域の平和というのは非常に大事だという基本的な認識がありますから，そのために日本に米軍がいるということは受け入れるという考え方があって，アメリカ側のそのような戦略的な要請と日本の安全保障のためには周りの地域が平和であるということが大事であるという日本の考え方とが一致して，今言った安保条約の地域性というものができているわけであります。

　そのようなことで，安保条約の片務性と地域性というのは今日も残っているわけでありますが，いずれにしても旧安保から新安保に移ることによってかなり従属性というものが薄められた。従属性というものが薄められましたけれども，それでは本当に日米安保条約というものが日米の対等な同盟関係になったかというと，それは実は対等な同盟関係とはほど遠いものであったわけです。1960年の安保改定の時には，日本の中では大変な反安保闘争というものが起こって，そして岸内閣は退陣に追い込まれる。そして，当時は安保条約の署名の機会にアメリカのアイゼンハワー大統領を日本は国賓として迎えるということを岸内閣は考えたわけであります。そのアイゼンハワー大統領はフィリピンまで来て，そしてその数日後には日本に来るという時に，結局日本の中で非常に激しい安保闘争が起こったために，岸さんはアメリカに対してアイゼンハワー大統領の訪日を延期してくれと申し入れざるを得なかった。これは日米関係にとっては最大の危機になったわけであります。それで，ご承知のように，安保条約はできましたけれども，岸内閣は退陣するのです。そして安保闘争の後遺症というものは1960年代を通じてずっと残るわけです。日本が初めてアメリカの大統

領を正式に国賓として迎えるということができたのはフォード大統領が来日した1974年のことです。

　アメリカは最初から日本はアメリカの同盟国だということを言い続けてきたわけですが，日本では「同盟」という言葉がどうも政治的に問題があり，今日では日米同盟関係というのは当たり前だというふうに大部分の方は思われるでしょうが，当時の日本ではそういうことではなかった。初めて日本の総理が日米が同盟関係だということを公式に言ったのは1980年です。当時の大平総理がアメリカを訪問した時のホワイトハウスでの歓迎式，そこで初めて日本の総理は日米は同盟関係であるということを正式に公言したわけです。そこまで辿り着くのに安保改定から20年かかったわけです。それだけいわば後遺症が続いたというふうにいえないこともないと思いますが，なぜ本当の同盟関係からほど遠いものであったかということをよく考えてみますと，それは別に先ほど申し上げたような片務性の問題では必ずしもないのです。条約の形式的な問題ではなくて，実質的に日本が本当の意味での同盟関係に必要な責任の分担，同盟関係を維持する上で必要な政治的な責任の分担という意志が日本側に欠けていたためであるわけです。国内では敗戦の体験から生まれたある種の絶対平和主義，軍事というものはすべて悪だというように考える絶対平和主義がありました。それから日本の周りの国の安全保障ということについては日本は関心を持たない，あるいは関与しない，私は後に「一国平和主義」ということを言い出したのですけれども，そういう意識が非常に根強い。そしてその結果として，非常に中立志向というものが日本国民の間に強い。そのような意識が安保闘争に繋がったわけですが，その後もずっと，私は続いていたのだと思うのです。それで，同盟関係に必要な責任の分担というものが実は初めてでてきたのが1972年の沖縄返還の時であるわけです。

　そこで，その話を申し上げますと，私は当時外務省で沖縄返還交渉の仕事に直接携わる機会がありましたので非常によく覚えているのですが，アメリカにとっては当時返還交渉の最大の問題だったのは沖縄の基地をどうするかということであったわけです。アメリカの国防省，あるいは軍部というのは当初沖縄の返還に対して非常に強く反対しました。なぜ反対したかというと，沖縄が返還されると，安保条約が沖縄の基地に当然適用される。そうすると先ほど申し上げました1960年の安保改定で，戦闘作戦行動のためにアメリカの沖縄にある基地を使用しようとすれば，アメリカは条

約上の義務で当然日本政府と協議しなくてはならない。日本政府がノーといえば，沖縄ばかりでなく本土の基地も使えない。要するに日本にある米軍の基地はそのような目的のために使えない。ということは，どういうことになるかというと，万が一朝鮮半島で第2次朝鮮戦争が起こってアメリカが韓国を防衛しようとする。そのためには日本の基地を使いたいと思っても，日本政府がノーと言えば，そのような戦闘作戦に沖縄を含めて日本の基地を使うことはできないということになりますから，アメリカから見ると韓国を守るということは事実上できないということになるわけです。台湾についても同じことがいえます。そこで，そのようなことになっては非常に困るというので，アメリカの軍部は沖縄の返還に非常に強く抵抗したわけであります。その軍部の反対というものを説得して，沖縄の返還を実現するために何が必要だったかというと，それは日本が朝鮮半島の平和というものについて，あるいは台湾地域の平和というものについてある一定の範囲でアメリカと責任を分担，共有するという意思表示をする必要があるということであったわけであります。

　それで，そのために当時の佐藤総理が1969年に訪米して，佐藤・ニクソン共同声明というものをつくります。その中で佐藤総理は，朝鮮半島の平和と安全というものは日本の安全にとって肝要だと言ったわけであります。それから台湾地域の平和と安全も日本の安全にとって重要だということを認識しているということを言ったわけです。緊要だとか重要だとかという言葉は若干ニュアンスとして差があるわけですが，いずれにしても佐藤総理がそこで言わんとしたことは，要するに朝鮮半島の平和とか，台湾地域の平和というのは日本の平和にとって関係がある問題だと。関係がある，あるいは重要な関係があるという以上は，万が一，そこで侵略が起こった場合に，アメリカが日本の基地を使う必要が生じたという時には，日本の安全にとってそれがどれだけ重要かということを判断しながらイエスかノーと言うということを言ったわけであります。イエスと言えばどういうことになるかというと，アメリカが日本の基地を使って韓国を防衛するということが可能になる。ノーと言えば，それができなくなる。いずれにしても，アメリカの行動というものに対して日本がイエスと言うかノーと言うかによって決定的な影響というものがあるわけです。1960年に安保改定をして，そのような事前協議制度をつくった時に政府が説明して国民も大体そんなものだと思ったのは，これは，アメリカの戦争に日本が巻き込まれ

ないための歯止めだということであったのですが，実はそうではなかったわけです。日本が関係がない戦争に巻き込まれないための歯止めというのは，確かにそのような面がないわけではない。しかし，逆にイエスと言った時にどういったことが起こるかというと，それは日本がアメリカと一緒にこの日本の周りの地域の平和と安全について責任をアメリカの同盟国として分担するんだということになるわけです。その面の説明が1960年の安保改定のときには，まったくといっていいほどなされなかったわけでありますが，1972年，沖縄返還の時に初めてそのようなことが行われて，日本の中でも理解されるようになった。本来の同盟関係の姿に一歩近づいたといえると思います。

　それからもう1つ，1970年代に起こった非常に大きな出来事というのは，日本が1975年から始まったサミットに参加することになったということであります。サミットというのは1975年から始まるわけであります。そもそもはフランスが，当時の石油ショックによる世界経済の大混乱にどう対応するかということを先進国同士で相談しようではないかということで，当時のジスカールデスタン大統領が提唱して，日本を含めた7ヵ国の先進国が集まって相談をするということで始まったのです。1回してみたら，石油ショックに対してどう対応するかということ以外にも非常に有効，有益だということで，その後ずっとサミットは毎年続くことになるわけです。来年（2000年）は沖縄で開かれるというのは皆さんご承知のとおりですけれども，そもそもは1975年から始まった話であります。それで，年に1回，7ヵ国の首脳が——今はロシアが加わって8ヵ国になりましたが——話し合うというだけではなくて，話し合った結果，そのフォローアップとそれから次の年の準備というのは各国の政府の閣僚レベル，あるいは官僚レベルでもって緊密な協議が行われるわけです。

　そのようなサミットが東西冷戦が続く中で西側の集団協調体制というものの中での非常に中心的な役割を果たすようになるわけです。日本がそれに参加したというのはどういうことを意味したかというと，今まではもっぱら二国間の日米関係だったわけですけれども，それがいわゆる西側の先進民主主義国の集団協調体制の中の1つの大きな柱としての日米関係になった，すなわち，日米関係というものは非常にグローバルな面をもつようになったわけであります。それは単に安全保障だけではなくて，要するに，世界経済システムを維持していく上で先進民主主義国というものが協力し

ていかなければいけない。これは石油ショックにどう対応するかということもそうですし，それから保護主義というものにどう対応していくか，あるいはGATTの自由貿易体制というものをどういうふうに守っていくか。そのような問題をやはり先進民主主義国というのが中心になって政策協調をやっていく必要があるという認識がでてきた。それから，経済サミットだといわれて経済の問題をもっぱら話し合っていたわけですが，しばらくやっていると，これは政治の問題もやはり話し合うことが大事だということになって，1980年代になると，経済問題以外に政治の問題も，サミットの時に話し合われるようになった。

たとえば，1980年代には冷戦がまた激しくなるわけですけれども，対ソ政策というものはアメリカ，日本，ヨーロッパの間で，バラバラではダメだと，やはり足並みをそろえて，ある程度基本的な政策調整をやって，ソ連と対応していく必要があるというので，対ソ政策の調整をやるようになる。それから1989年には天安門事件が起こるわけですが，中国にどう対応するのか。ある国は中国に対して非常に強く制裁をすべきだということを言う。日本は，制裁をするというのはよくないのではないかということを言う。どのように政策調整をして中国と対応していくか。中国を孤立化させない，しかし，天安門事件のようなことは容認しない。しかし，どうやって中国を国際社会の中にもう一度取り込んでいくかということを相談する。そのような場というのがサミットということになったわけです。

サミットがなぜそれだけの力を持っているかというと，やはり世界のGNPの大体3分の2の力，生産力を持っているのがサミット7ヵ国なわけです。世界の貿易の半分以上というものをサミットの諸国が占めている。開発途上地域に対するODA，援助ということを考えると，これはほとんど大部分，90％以上のODAというのはサミット諸国が供与している。それだけの力を持っているわけです。したがって，政策の面で足並みが揃えば世界の政治，経済というものに対して非常に大きな影響力を持つことができる，これがサミットの価値なわけであります。そのサミットに日本が参加するということは，日本は文字どおり先進国になったということなのです。しかし，サミットは単に主要な先進国の集まりだけではなくて，主要な先進民主主義国の集まりというように観念されているわけです。サミットに入っている国は，皆，自分たちは民主主義国であるということが1つの価値観の共有ということに繋がって，それが自分たちの世界の政治・

経済に対する影響力の根源になっているという認識があるわけでありますが，日本は正にそのような意味での民主主義の先進国の仲間入りをしたというのが1970年代の姿なのであります。

それに伴って，日本とアメリカとの関係は一方的な依存関係から，より対等な先進民主主義国同士の協力関係に変化してきました。これが1970年代から1980年代にかけての日米関係の姿なのであります。

ところで，それが現実に非常にうまくいったかというと，なかなかうまくいかなかった面があるわけであります。その結果，1970年代から1980年代によくいわれたのは，日米の間の安全保障の問題をめぐった防衛摩擦であり，経済摩擦であったわけです。実は，この防衛摩擦や経済摩擦というのは，日本とアメリカの間だけに起こったのではなくて，実はアメリカとヨーロッパの間でもかなり激しい摩擦が生じたのであります。それはどういうことで生じたかというと，要するにアメリカからいうと，今まではアメリカがもっぱら西側の安全保障，それから西側の経済秩序，基本的に自由貿易体制のことでありますが，それらに伴って必要なコストというものをほとんど独力で負担してきた。しかし，1970年代にもなれば，ヨーロッパも完全に復興したし，日本も先進国の仲間入りをした。そのようなコストをもっとヨーロッパや日本に分担して欲しい，ということをアメリカが言い出したわけです。そのようなアメリカの要求に対しては，基本的に日本もヨーロッパも異存はなかったわけですが，ではどのようにして分担するかということになるとこれはなかなか難しい。そこでしょっちゅう，いったいどれだけコストを負担すれば公正な分担なのかということで，アメリカとヨーロッパ，アメリカと日本の間で議論が行われた。これが，防衛摩擦とか経済摩擦とか呼ばれる現象なのです。今言ったように，アメリカとヨーロッパの間でも非常に摩擦がありましたけれども，日米の間では特に摩擦がひどかった。なぜひどかったかといいますと，2つ理由がありまして，1つは，安全保障。安全保障の問題では，日本はヨーロッパとは違ってどうしてもアメリカ任せであります。日本は安全保障のコストを分担するという意識が非常に乏しかったということであります。それから，もう1つは，自由貿易体制の問題ですが，自由貿易体制は何かといいますと，自分のマーケットを開いて，市場を開放して，そして先進国同士，あるいは開発途上国から積極的に輸入をするということです。それが自由貿易体制を維持していくためのコストなのですけれども，日本の場合は，どうも

そのような発想が乏しかった。依然として日本は輸出大国志向が非常に強い。それはなぜかというと，どうしても，依然として欧米に追いつき追い越せという志向が強い。そして，その「追いつき追い越せ」のものさし，日本がどれだけ輸出大国になるかということが日本人の，政府も民間も含めて，判断の基準になっていたからです。それで，そこから転換をして輸入大国になれといっても，そのような志向転換がなかなかできなかったわけです。よく考えてみると，自由貿易というのは何かというと，輸入を自由にするということなのです。輸出が自由にできるということはそもそも相手の国が自分の国のものを自由に輸入してくれるから，輸出できるわけで，自分のマーケットを外に開いて自由にものを輸入できるというシステムが自由貿易体制なわけですけれども，そこの非常に簡単なことが日本人は余り理解ができなかった。そして貧しい時にはもっぱら輸出をして外貨を稼いで，そして国民生活を豊かにするということが至上命題であったわけで，これは他の国も認めていたわけですが，日本が経済大国になれば，それはそうはいかない。日本人は皆，日本は自由貿易の国だと思っていますけれども，外国は決して日本は自由貿易のリーダーだと思ってはいないのです。非常に残念なことですけれども，日本は，国際的には非常に保護主義的な国だというふうに一貫してみられてきたわけであります。事実，日本は競争力の弱い産業を保護して，競争力がついてから初めて自由化するということの繰り返しを1960年代から1970年代，1980年代を通じてやってきたわけであります。それは，それなりの理由はあったわけですけれども，しかしそれは決して日本が自由貿易のリーダーではなかったということであります。

　そのようなことで，1980年代には日本は大きくなったわけですけれども，自由貿易のリーダーにならなければいけなかった時に日本は残念ながらそうならなかったということ，自由貿易というのは実は輸出の自由ではなくて，輸入の自由だということに気がつかなかったということが貿易摩擦を非常に激しくしたわけであります。

1990年代から―これからの日米関係のあり方

　1990年代はどういう時代かというと，これは明らかに冷戦が終わった後の話なわけです。それで，1980年代までの日米関係というのはもっぱら冷

戦の中での西側の一員としての日米関係。初めはもっぱら日米の二国間の関係。それが西側の一員としてのグローバルな性格を持った日米関係に変わっていったのが1970年代から1980年代。冷戦が終わってみると，そのような東西対立というものがなくなったわけですから，それでもどうして日米のパートナーシップが必要なのかということが当然問題になってくるわけです。それで日米関係の新しい再定義ということが日米関係にとっては必要な時代になってきたのが1990年代であるわけです。そのような再定義をしない，十分にできないうちにいくつかの事件が起こって，これが日米関係というものを非常に困難なものにした。

1つは1990年に起こった湾岸戦争で，これは皆さんのご記憶に新しいと思います。これは日本自身にとっても大変な問題であったわけですが，日米関係にとっても大きな危機になったわけです。当時私は外務省の事務次官をしておりまして，湾岸戦争の問題のために大変苦労しなくてはならなかったわけですが，何に苦労したかといいますと，先ほど言いましたけれども，どのようにすれば，日本が一国平和主義，あるいは絶対平和主義というものから抜けだせるか，あるいは，抜けださなくてはならないのにどうして抜けだせないのかということが問題であったわけです。それが日米関係を非常に難しくしたわけであります。

それからもう1つは経済摩擦の問題で，これは私がちょうどワシントンで大使をしている間，4年間ですが，仕事の7，8割は経済の問題に費やされたわけであります。なぜそれだけのエネルギーをさかなければならなかったかというと，問題の本質が，経済そのものにあったのではなく，経済問題が原因で生じた日米の間の不信感であったのです。1994年に，当時は日本の総理大臣は細川さんでした。細川さんがワシントンへ来られて，当時日米経済交渉をしていまして，結局，いわば決裂した形になって，少しお互いに頭を冷やそうということになったわけです。それがマスコミにどのように報道されたかといいますと，日本の総理がアメリカの大統領に対して初めて面と向かってノーと言った，あれは非常に画期的な出来事だと。そのこと自体は必ずしも本当ではないのです。日本の総理がアメリカにノーと言ったというのは実は何回もあるわけです。吉田さんがダレス特使に対して再軍備を拒否したということから始まって，決して例がなかったわけではないのですが，にもかかわらず，大変珍しいことだといわれました。ノーと言えたのは，日米の関係が大人の関係になった証拠だと日本

のメディアは報道したわけです。

　正直いうと，日本の政府も若干そのような説明の仕方をしたわけであります。そこで，総理の訪米が終わった直後ですが，私はワシントンで日本の新聞の方と記者会見がありまして，そこである記者の1人が，「日米関係は大人の関係になった，だから総理はクリントン大統領にノーと言っても，日米関係は悪くならない，天地がひっくり返らない，というようにいわれていますが，大使，あなたはどう思いますか」と聞かれた時に，私はそう思わないと言ったのです。それはなぜかというと，要するにアメリカはなぜ日本に対して強い不信感を持つかというと，それは日本の経済的な仕組みというのは，いくら表面的に自由化をしても後ろでは日本の官と民，それから民同士の非常に複雑な不透明な仕組みがあって，それが非常に外国から日本に物やサービスが入ってくるのを難しくしている。そのような日本の不透明なシステムがある以上はいくら表面的に関税をなくすとか量的な制限をなくすとか，あるいは内外無差別だということをいっても，本当の意味で日本のマーケットというのは開放されない。したがって，どうしても日本のマーケットを本当の意味で外に向かって開かせるためには数字でもって日本を縛らなくてはいけないということをクリントン政権は言い出したわけです。それに対して日本は，そんなバカなことはないと，そんな数字でもって日本を縛るなどすると，それは自由貿易ではなくて管理貿易だと反論したのです。日本はどうしてそれだけ反対したかというと，アメリカは，数字がひとり歩きして，その数字が達成されないとアメリカの国内法を用いて日本を制裁するということを言い出す。そんなことは日本は受け入れられないということで反対をしたわけです。日本の反対はそれなりに筋が通っていたのですけれども，しかし，元は何かというと，アメリカは日本の仕組みに対して非常に強い不信感を持ったし，日本は日本でそのようなアメリカの一方的な，何かというとすぐ制裁だというやり方というものに対して非常に強い不信感を持った。そのお互いの相互不信というものがあったので，妥協ができなくて，細川さんはクリントンにノーと言わざるを得なかったということなので，決して日米は大人の関係になったのではないのだということをその新聞記者に言ったわけです。

　私が言い出したことは，当時日米というのは，漂流しはじめたということだったわけです。なぜ漂流しはじめたかというと，戦後の日米関係というのは，冷戦という1つの枠組みがあって，その枠組みの中で日米という

ものはなぜか共通の利益があって，各論になると異論がありましたけれども，総論では日米の意見というのは一致した。これは私なりの言い方をしますと，日米というのは共通のコンパスを持ち，共通の海図を持っていた。それが冷戦というものが終わって，世界の政治，経済というものが物凄く大きく変わったわけです。それが変わると，今までのコンパスも海図も役に立たない。新しいコンパス，新しい海図というものを日米が持たなければいけないのだけれども，それを持っていないために日米が漂流をはじめたということをいろんな機会に言い出したわけであります。このようなことが認識されてきながらまだ必ずしも日本もアメリカも新しいコンパス，新しい海図を持つようになっていない。なぜかというと，世界がどのように変わっていて，その中で日本もアメリカもどういうふうに変わっていかなければならないかということについて，必ずしも国民的な理解が得られていないからではないかと私は思っています。

（9月18日講演）

新しい国際秩序作りへの参加
―何が日本外交に求められているのか―

栗山尚一 国際基督教大学客員教授，元駐米大使

沖縄サミット（2000年7月21日）

はじめに

　先週は戦後の，過去を振り返るということで戦後の日米関係についてお話をしたわけですが，今週は将来のことを考えてみたいと思います。それで，「新しい国際秩序作りへの参加―何が日本外交に求められているのか」という私のお話のタイトルを選ばせていただいたわけです。
　それでは今日のお話の本題に入りまして，今からちょうど10年前ですが，1989年，世界中で誰も，ほとんど予想する人がいなかったことが起こったわけです。それが冷戦の終結であります。冷戦の終結というのはいろいろな意味で世界を変えたと言ってもいいと思います。何しろ，戦後40年続いた東西対立という基本的な国際政治の枠組みというのがなくなったわけでありまして，そればかりではなくて，世界経済も非常に構造的な変化をとげました。どういうことが起こったかというと，市場原理，マーケットの原理が支配する地球規模のマーケットというものがそれまでの社会主義経済圏を含めて地球規模に広がったということであります。こうした政治，経済上の変化というのは，人のものの考え方を基本的に変えたといえると思います。人の考え方が変わるということは，当然それに伴なって，国家，国の行動というものも変わってくるわけです。その結果として世界が大きく変わる。90年代というのは正にそういう時代であったといってもいいと思います。
　それで，今日の国際情勢の特徴ということをいいますと，非常に多く使われる形容詞が2つ，3つあるわけです。典型的な形容詞は「不確実」ということ。それから「不透明」という言葉。場合によっては「不安定」という言葉も多く使われます。そういう形容詞に共通していることは将来の世界がどのようなものになるかということが必ずしもはっきり見通せない，ということであります。要するに，先が見えない。で，先が見えないということは，皆さんもそうお感じになるのではないかと思いますが，人の心を不安にするわけであります。皆がそのように不安に思うということは，世界が非常に不安定な世界になっているということにほかならないわけであります。では，今日の世界が全く先が見えない，いわば混沌の世界というか星雲状態の世界かというと必ずしもそうではない。今起こっていることを少しよく見てみると，これから先50年，21世紀の前半，大体世界がど

のような世界になるのだろうかというのは、おぼろげですけれども見えているのではないかと私は思うわけです。今日はそのお話から始めたいと思います。

先ほど、冷戦の終結というのが世界を変えたと申し上げました。1989年の11月にベルリンの壁というのが崩壊しまして、そして鉄のカーテンがなくなって、東西ヨーロッパが一つになるという大激変が起こったわけですけれども、その変化の流れというのは実はその前から80年代を通じて起こっていた。それが冷戦の終結ということによって非常に加速されたと考えてもいいと思うのです。それで、80年を通じて徐々にスピードを上げて起こった変化の基調というのはどういうものかということを先に考えてみたいと思うのです。私は、3つの大きな流れがあるのではないかということをいろいろなところでお話しているわけです。3つの流れというのは、私は「3つのベクトル」と呼んでいるわけであります。

1つは、私は「多元化」と呼んでいます。2番目は、最近非常にファッションになっている言葉ですけれども、「グローバル化」の流れです。それから3つ目が「多極化」。この3つの非常に大きな流れというのが、80年代から起きていると私は考えています。

ベクトル1―多元化

「多元化」というのはどういうことかということからまず少しお話したいのですけれども、「多元化」という言葉は、私が作った言葉で、余り聞き馴れないとお感じかもしれませんが、要するに、多様な価値観の存在というものを認める、そういうものを許容する政治、経済体制、政治経済システム、そういうものを志向する流れというものを私は多元化と呼んでいるわけです。それは、もう少し具体的にいえば、そういう多様な価値観の存在を許容する政治システムというのは、いうまでもなく民主主義体制でありますし、それから経済システムでは、個人とか、企業とか、そういうもののイニシアチブというものを尊重する市場経済体制のことであります。即ち、今の世界の基本的な流れというのは、1つは、民主化、もう1つは市場経済化に向けての流れだと理解すべきだろうと思います。

そういう流れがなぜ起きたのかということでありますが、これはいうまでもなく、80年代に急速に進んだIT革命、インフォメーション・テクノ

ロジー，情報通信技術の革命的な進歩というものが生み出した産物であるわけです。情報通信技術というもの，コンピューターを中心にして非常に進んだ結果何が起こったかというと，世界の至る所で個人の価値観の急速な多様化というものが起こった。衛星放送であるとか，インターネットというものを使うと，外の世界で起きている出来事についての情報というものが大量，且つ瞬時に手に入る。その結果，人間は自分の生き方，どういう着物を着て，どういうものを食べて，どういうところに住むかということから始まって，教育であるとか，職業であるとか，それから自分の趣味とか宗教とか，そういうことに至るまで非常に多様な選択肢が存在するということを知るようになるわけです。日本の中でも皆さんご承知のように，価値観の多様化ということが特に若い世代の人たちの間でいわれますが，それは正に今言ったようなことで起こっている現象なわけであります。そういう個人の価値観の多様化というものの結果として，選択の自由，自分の生き方というものについて選択の自由というものをますます人間が求める，国民が求めるようになる。そういう選択の自由を求める声というものがどこの国でも非常に大きな政治的な力というものになってきているわけです。

　情報時代ということがいわれるのですけれども，そういう情報時代においては，国家が情報をコントロールして特定の情報だけを国民に提供する，そういう情報をコントロールすることによって国家が特定の価値観，特定の生き方というものを国民に強制するということはますます困難になってきている。仮にそういうことをやろうとしても非常に膨大な政治的，経済的コストがかかる。そこで，そういう情報のコントロールを通じて人間の生き方とか，人間が持っている価値観というものを国家権力でコントロールするということができない時代になってきているということであります。これが世界的な全体主義体制であるとか，あるいは独裁体制というものの崩壊，そして多元主義的な民主主義体制を志向する流れというものをつくり出しているわけであります。

　それから，市場経済化の流れも，今申し上げた価値観の多様化と多分に結びついているわけでありまして，選択の自由というものを生かす，もっとやさしい言葉でいえば，消費者の多様なニーズというものに答えられるような経済システムというものは果たして国家主導の計画経済や，あるいは社会主義経済なのか，それとも先ほど言った個人，あるいは企業のイニシャチブというものを尊重する市場経済システムか，という問題であるわ

けであります。そして，それはやはり計画経済とか社会主義経済ではなくて，市場経済システムだということが答としてでてきているというのが今日の状況だろうと思います。

　そもそも，少し振り返ってみますと，第2次大戦後の世界では，実は経済の運営に国家というものが主導的な役割を果たすべきだというものの考え方，そういう思想というのはかなり強かったわけであります。これは，ご存知のように1930年代に世界の大恐慌が起きて，いわゆるレッセ・フェールといいますか，自由放任主義の資本主義に対する反省が1つの契機になってそういう流れを生んだわけであります。もう1つは，戦後のヨーロッパを中心に出てきました福祉国家の理念です。要するに，貧しい人，社会的に弱い人，そういう者を守って，そういう人の権利を守ることによって，社会正義というものを実現しようという考え方。これが戦後の西ヨーロッパを中心として出てきた福祉国家の概念でありますけれども，そういう戦前の資本主義に対する反省，それから福祉国家の理念というものがベースになって，そして今申し上げたように，国家というものが社会正義を実現するために主導的な役割を経済の運営で果たすべきだとしました。生産とか消費，あるいは需要，供給のコントロールに政府が介入する。そして，全体として社会正義を実現していくという理想に基づいて，計画経済とか，あるいは混合経済という言葉も使われますが，要するに，国が経済の運営に対して非常に大きな役割を果たす。戦後の日本も正にそういうことで戦後の復興がなされた経緯があるということは，皆さんご承知のとおりでございますけれども，それで，そういう国家主導の経済を一番極端なところにもっていったのが，私有財産を否定して国家が全面的に生産，消費をコントロールする社会主義経済体制であったわけです。

　戦後いろいろな形で国家が経済の中で大きな役割を果たすという実験をいろいろな国が行なったわけであります。特に経済的な自立，植民地から独立して，経済的な自立を求めた途上国でも，やはり，国家が経済発展のために，あるいは経済開発のために中心的な役割を果たすという思想が非常に広く採用されたわけであります。それで戦後30年，40年，実験してみた結果，市場原理を否定する，あるいは大幅に制限する，制約するというような経済システムがうまくいかないということがわかったわけであります。即ち，需要と供給に政府が介入するということは，単に非効率的であるばかりではなくて，国民が求めるより豊かな生活を作り出せないという

ことがわかったわけであります。その結果，経済運営についての国家の役割を縮小する。そして，その需要と供給は基本的には市場原理に任せる，市場原理の創造力，市場原理が持っている富をつくり出す力に任せるという考え方が80年代から新しい中心的な流れとして出てきた。これを代表するのは，中国では鄧小平でありましたし，それから，イギリスを「英国病」から解放して建て直したサッチャー首相の考え方でありますし，今日のアメリカ経済の活力を何がつくり出したかというと，80年代のレーガン大統領時代に行なった非常に大胆な規制緩和であるわけであります。そういう鄧小平とか，サッチャー首相とか，レーガン大統領，そういう人によって代表されるものの考え方，これが80年代以降，世界の経済を大きく変える力になったわけであります。これが，私が言った「多元化」の意味であります。

ベクトル2 ―グローバル化

それから，2番目のベクトルでありますグローバル化ですけれども，これも多元化のところで申し上げた情報通信技術の革命と非常に密接に結びついているわけであります。情報通信技術が急速に進んだことによって，それまで経済の1つの大きな制約要因であった時間と距離のコストがほとんど急速になくなるということになったわけであります。そういう情報技術の革新を積極的に活用していくために，貿易とか投資，あるいは金融の自由化が80年代に急速に進んだわけであります。こうして情報とか，物とか，お金，お金を含めてサービスといってもいいと思いますが，それらの流れについては，どんどん国境がなくなろうとする傾向が出てきたわけであります。その結果，それまでは国境に囲まれて運営されていた国家単位の経済がどんどんグローバルな世界経済に変容して，その中に統合されていくという現象が出てきたわけであります。

先ほど申し上げた冷戦の終結によって旧ソ連を中心とした社会主義経済圏もそういう流れに取り込むという現象が起こってきたわけです。これがグローバル化であるわけですけれども，その結果2つのことが出てきました。1つはマーケットが拡大することによって，当然のことでありますけれども，国際競争が激しくなる。もう1つは，国境がなくなるということの副産物なのですけれども，先ほど申し上げたように，国家単位の国民経済が世界経済の中に取り込まれて一体化してゆく。そのプロセスの中で，

お互いの相互依存が急速に深まるという，競争の激化と国際相互依存の深まりという2つの現象が起こったわけであります。

　1つここで申し上げておきたいのは，グローバル化というのは，情報とか金とか，物とかサービスの面で国境がなくなるということだと申し上げたわけですけれども，それは国家がなくなるという意味ではないわけであります。最近一部の学者の中には国家が本質的に変わってきた，21世紀の世界では国家というものはほとんどなくなってしまうのではないかというようなことをいう人も出てきているわけでありますけれども，国家は21世紀になってもなくなるということはないと私は思っております。それはなぜかというと，先ほど申し上げたように，お金とか物とかサービスというのは国境を越えてどんどん動くようになりましたけれども，人というのはお金や物や情報ほど動かないわけであります。人間というのは，住み慣れた社会の文化とか伝統とか慣習とか，そういうものに非常に執着する，それが自分の人間としてのアイデンティティーの基礎になっているわけであります。人間によって多少の差はありますけれども，自分が住み慣れた社会に対する帰属意識というのは非常に強いわけであります。したがって，一旦海外に出ても大概の人は自分の住み慣れた国に戻って来るということでありますし，日本も年間2千万人くらいの人が海外に旅行に出ますけれども，その大部分の人は，数週間でまた日本に戻って来る。やはり日本に住んでいた方が住みやすいという気持ちを大多数の日本人は持つ。日本人ばかりではなくて，世界中の大部分の人はそういう気持ちを持っている。それが非常に重要な要素になっているわけであります。したがって，国家というものはグローバル化がいくら進んでも，そこに住んでいる国民の生命，財産の安全であるとか，それから国民の健康であるとか，教育であるとか，雇用であるとか，福祉であるとか，そういうものについて引き続き責任を持たなければならない。他のどういう組織もそういうことについては責任を持つものがないわけであります。国家しか，すなわち政府しか，国民の安全とか健康とか教育とか，そういうものについて責任を持つ組織がないし，国民も引き続いて政府，あるいは国家にそういう役割を期待をするわけであります。

　したがって，多元化が国境の中での経済活動についての政府の役割を小さくするのと同様に，グローバル化は国境を越えての経済活動についての国家の役割を縮小させるということを意味しますけれども，それでも国家

が果たす役割というのは国内的にも国際的にも引き続き21世紀でも非常に大きいわけであります。私はよく経済に関しては国境の壁はなくなるけれども，政治の国境は引き続き残るのだということを言っておりますが，21世紀の世界も引き続き国家の集合体であるという姿は変わらない，そのことによっていろいろな問題がまた出てくるということであります。

ベクトル3 —多極化

　3番目のベクトルが「多極化」であります。極というのは何かというと，結局のところ，国際政治とか国際経済に大きな影響を与える力を持っている国，あるいは国の集団，グループであります。冷戦の時は東西二極化，二極体制ということがよくいわれましたが，政治的には正に二極であったといっていいわけでありますけれども，実際には70年代から多極化の傾向というのが出てきたわけであります。西側の中では西ヨーロッパ，それから日本というのが経済的に非常に力をつけてきて，経済的に力をつけてくれば，同時に政治的な影響力を伴うわけであります。こうして政治的にも経済的にも，いわゆる西側の世界というのはアメリカ一極ではなくて，アメリカ，ヨーロッパ，日本という，いわば三極構造に変わってきた。東側はどうかといえば，東側も中国の存在が大きくなって，ソ連一極ではなくて，むしろ中ソ二極と変わっていったのが60年代，70年代の姿であります。

　冷戦が終わって基本的な東西二極構造がなくなりまして，多極化というのが一層進むようになってきたわけです。中には最近アメリカ一極の世界になっているのではないかとか，あるいはアメリカが支配的な影響力を持つ一極構造を目指しているのではないかというようなことを言う人がいます。それからアメリカの中にも，アメリカというのは今やソ連がなくなって，唯一残った超大国だというような説を言う人もかなりいるわけでありますが，現実というのは決してアメリカの一極構造に向かって進んでいるわけではなくて，むしろ今私が言ったような多極化の傾向というのがますます強くなってきている。現に，ヨーロッパが統合が進むに連れて非常に大きな力を持つようになってきている。中国も，大きな問題を抱えていますけれども，これから21世紀にかけて国際政治，経済において重要なアクターとして登場してくるだろうと考えられます。それから日本は現在調子が悪いわけでありますけれども，しかし，日本というのも非常に重要な1

つの極を構成する役割を持つであろうと思います。そのためには，日本の経済がもう一度立ち直るということが必要でありますが，立ち直りさえすれば日本はそういう重要な役割を世界の中で演じる国になるだろうと思います。今申し上げた国以外にも，少し長期的に21世紀を考えると，他にもやはり重要なアクターになる国が出てくるだろうと思います。たとえば，アジアであれば，インドとか，それから中南米のブラジルであるとか，あるいはアフリカでも，南アフリカというような国が非常に重要な役割を演ずるようになっても別に不思議ではないと私は思っているわけであります。これが多極化であります。

3つのベクトルの問題点

それで，3つのベクトルということで，非常に世界が変わってきつつあるわけでありますが，それでは，21世紀の世界が20世紀と比べてより平和でより豊かな世界になるのだろうか。私は決してそうはならないといいますか，そうならない危険が大きいと思うわけであります。アメリカの政治学者でフランシス・フクヤマという人がいまして，彼は一時アメリカの国務省で働いていた人でありますけれども，この人が1989年のベルリンの壁，冷戦が終結する直前に論文を出して，20世紀の世界というのは二大イデオロギーの対立の時代であった，民主主義対共産主義であったと論じています。それが民主主義の勝利に終わってイデオロギーの対立がなくなる。そうすると，21世紀は，非常に重要な対立が世界からなくなってせいぜい対立があっても次元の低い経済的な摩擦のようなものであって，大したものではない。その結果，21世紀というのは非常に退屈な世界になる可能性があるという論文を出しまして，若干物議をかもしたことがあります。彼が論文を書いて暫くして冷戦が終結したわけでありますが，その意味では民主主義が勝利するというのは彼の言ったとおりになったわけであります。しかし，フランシス・フクヤマがそういう論文を書いて，それから10年経ったわけでありますけれども，決して世界はフランシス・フクヤマが言ったような意味では退屈な世界にはなっていないと思うのであります。論文が出てから一年後には湾岸戦争が起こりましたし，その後もいろいろな世界には対立の要因がなくならない。決して経済の対立もフランシス・フクヤマが言ったように簡単なものではないということが分かってきたわけで

あります。それで，3つのベクトルに任せているだけでは決して世界は平和にもならなければ，豊かにもならないということでありますけれども，それはなぜかということを申し上げたいわけであります。

　なぜかといいますと，今私が申し上げました3つの流れというのはそれぞれ本来的に非常に不安定な要素を中に持っているわけであります。まず，多元主義社会へ向かっての変化でありますが，全体主義体制，あるいは独裁体制を捨てて，民主主義的な政治体制へ移る。あるいは，計画経済，国家が生産，供給需要をコントロールする経済から市場原理に任せる市場経済システムに転換する。そういう基本的な政治，経済システムの変革とか転換というのは当然のことですけれども，そう簡単なことではない。国のいわば基本的な仕組みを変えるということでありますから，民主主義や市場経済を経験したことのない国にとっては当然過渡期においては大変混乱とか痛みとかが不可避的に伴うわけであります。その一番典型的な例が今日のロシアでありますけれども，東南アジアでも，たとえばインドネシアもスハルト大統領時代の独裁体制からより多元主義的な，民主主義的な政治体制へ移行しようとしている。その過程での混乱とか政治的な不安定がインドネシアにとっては非常に大きな問題になってきているわけで，今の東ティモールの問題もその結果として出てきた問題であるわけであります。我々日本人やアメリカ，ヨーロッパの民主主義の国から見ると，民主主義や市場経済にコミットする国が増えるというのは，一見良いことのように思われるわけですけれども，そう簡単ではないわけで，選挙をして投票によって政治指導者を選んだからといって，それによって民主主義が完成するわけでもないし，それから計画経済をやめて資本主義に転向する，あるいは市場経済に転向したからといってすぐさま国民が豊かになるわけではないのであります。

　基本的な仕組みを変えることによって起こる混乱をできるだけ小さくすることをどうやってできるかというと，一方においては改革を進めながら，他方においてはその国の社会の一体性を守っていくということが必要なわけであります。そのバランスをどこにとるかは優れてその統治者の統治能力に依存しているわけでありまして，そういう統治能力がなければ混乱というのは非常に大きくなるし，場合によっては国家自体が解体してしまうというようなことが起こるわけであります。現にアフリカなどでは多くの国がそのような状況に陥っているわけであります。先ほど申し上げたイン

ドネシアもそういう困難に直面していると考えてもいいと思います。

　そういうことでありますから，国の指導者というのは改革によって起きてくる不安定と，それから現状維持によって保たれる安定との選択のジレンマに直面する。その典型的な例は現在の中国であるといっても良いかと思います。中国はソ連のやり方，ソ連のやり方というのは政治も経済も一気に体制を変えて民主主義，市場経済に移行しようとしたわけでありますが，その結果大変な混乱が生じた。その混乱を見て，やはり政治と経済というのは分けて考える，経済の開放化はやるけれども政治体制は依然として従来のシステムを維持していくという選択を今の中国の指導者はしているわけであります。けれども，決してそれで問題が解決できるわけではない。それから，経済自体も開放化に伴っていろいろ問題が出てきているわけでありますが，たとえば，国営企業をどうするか，国営企業が抱えている不良債権をどうするか，あるいは国営企業を整理しようと思えば失業者が大量に出てくる，それでは国の安定が保たれない。それではどうするかというと，改革のスピードを緩めるということにならざるを得ないということで最近中国共産党の中央委員会を開いた結果，前に朱鎔基首相が言っていた3年で国有企業の改革をするというスピードをもっと遅らせるという決定をしたようでありますけれども，そういう問題が次から次へと出てくるわけでありますから，多元化というのは必ずしも簡単なプロセスではないし，そのプロセスの過程ではいろいろな混乱が起こる。腐敗が起これば，その国の政府の正統性が問われる，あるいは他民族を抱えている国はそれぞれの民族の要求が高まって政府のコントロールが効かなくなるというようなことが心配される状況が出てくるわけであります。

　それから，グローバル化の話でありますけれども，グローバル化も簡単な話ではないわけであります。グローバル化がどんどん進めばどういうことが起こるかというと，要するに今までの国内経済を運営していく場合に適用されていた国内のルール，仕組み，そういうものを変えなければならない。そういうものを国際ルールに合わせていくということが必要になる。それがグローバル化が持っている意味なわけでありますけれども，今まで慣れ親しんでいた国内のルールを一気に変えて国際ルールに合わせるということは単に経済的に非常に難しいばかりではなく，社会的にも政治的にも非常に混乱が伴う場合が多いわけであります。日本のような国ですら，かなり日本も70年代，80年代に経済の開放化というものが進みましたけれ

ども，グローバル化にどう対応するかということが今非常に国民的な関心事になっているわけであります。それはなぜかといえば，やはり国内の仕組みをいろいろ変えていかなければならない。グローバルスタンダードとか国際標準というようなことがいわれますが，一体グローバルスタンダードは何なのだろうかと考えてもなかなかはっきりしていない。アメリカ型資本主義なのかどうなのかというようなことが最近よく議論されますが，しかし，どういうルールが国際ルールなのかということは必ずしもはっきりしないし，そしてこれから作っていかなければならないわけです。そして作っていく上で適用できなくなった国内のルールは捨てていかなければならない。そういったことはどこの国でもそう簡単なことではないわけで，早い話が国際競争を嫌って保護主義が出てくる。それからもっと根本的なことを申し上げますと，そういう国内のルールは，それぞれの国の文化と密接不可分に結びついている。国内のルールを変えるということは自分の文化の一部を変えるということを意味するわけで，そういうことに対してはどんな国でも抵抗が起こる。これがいわゆるナショナリズムでありますけれども，そういうナショナリズムの抵抗というものが起きる。そこで，グローバル化もそう簡単ではない。

　先ほど国家の役割を縮小して生産とか需要供給については市場原理に任せるというのがグローバル化，あるいはグローバル化の1つの特徴だとお話しました。そうはいっても，どこまでが国家がコントロールすべき領域か，どこまでを市場原理に譲るべきかということはそう簡単に答が出るものではないわけであります。先ほど申し上げたように，いくら国境がなくなっても国民の安全とか健康とか福祉とか雇用とかは国家が引き続き守らなければならない。そうすると，依然として国家が果たすべき領域があるわけでありますが，それをどこまで縮小すればいいのか，どこまでをマーケットに任せればいいのかというのは必ずしも一律の答が，世界共通の答があるわけではない。やはり，それぞれの国の歴史的な経緯とかその国の置かれている状況によって違うわけでありますから，常に国家とマーケットの境界線をどこに置くかということについての摩擦が出てくるわけであります。

　それから3つ目の多極化でありますが，多極化というものも本来的に非常に不安定な政治構造なわけであります。それはなぜかといえば，極を構成する国，あるいはその国の集団の間の相互の影響力，力関係は固定的で

はないということでありまして，常に変化をする。70年代以降，中ソ関係というのが非常に険悪になったわけでありますが，これは要するに中国にどう対応してゆけばいいのかということをソ連がなかなか理解しなかった。あくまでも，ソ連は中国をコントロールしていこうと，それに対して中国が非常に反発したということによって，中ソ対立が起こったわけであります。西側の世界の中でも日米の間で摩擦が起きました。これはなぜかというと，日本が70年代，80年代急速に大きくなる。急速に大きくなった日本をどのように扱ったらいいのかについてアメリカは必ずしもよく理解しなかった。いわば，戸惑ったといってもいいかもしれません。それから，日本も自分が大きくなったということを充分意識しなかった。日本が大きくなったにもかかわらず，いつまで経っても，中小国の意識で行動をしたということが非常に日米の関係を悪くしたわけであります。そのように，力関係というのは常に変わる。変わった時に新しく生まれてくる力関係をどのようにコントロールしていくかということが国際政治，経済の基本的な問題なわけであります。二国構造で変数が2つである時と，変数が3つも4つも5つも6つも出てきた時では当然のことながら多元方程式の方が二元方程式よりは解が難しいわけで，そういう意味で多極化というのは本来的に非常に不安定な構造なわけであります。

　影響力ということを私は先ほどから申し上げているわけですが，影響力というのは何によって構成されるのか。伝統的な意味では軍事力ということがいわれます。それから，経済力。経済力というのは，単にGDPやGNPなど，経済の大きさだけではなかなか測れないのでありまして，自給自足経済であればどんなに大きな経済であっても世界経済にはほとんど影響を与えないわけでありますから，開放されて世界経済と一体化が進めば進むほどその国の経済が世界経済に与える影響が大きくなる。その国の技術水準やあるいはもっと広くいえばその国の国民の教育水準も経済力に間接的に反映される。そういう意味で私は広い意味での経済力ということを申し上げているわけでございますが，その経済力というものも大きな要素であります。軍事力や経済力というのは伝統的に国の力，国力というものを構成している要素だと考えられているわけでありますけれども，それ以外に私は，大きくいって2つの要素がまだあるというように思っています。

　1つは，私は「外交の力」ということを言っているわけでありますけれども，その国の外交の力がどの程度強いか。外交の力というのは何によっ

て生まれるかというと，いくつかの要素があると思うのですが，1つは，構想力であります。構想力というのはいわば知恵なのです。戦後アメリカが圧倒的な力を50年代，60年代に持ったわけでありますが，戦後の世界でアメリカがリーダーたり得た1つの大きな理由というのは，圧倒的に軍事力，経済力が強かったということ以上に，実は世界の秩序，あるいは国際政治，経済のシステムをどのように作るかについて非常に優れた構想力を持っていたということがアメリカの外交の力を非常に強くしたと思います。それから，国がいくらいい知恵を持っていても，それを相手に説得して受け入れさせるということがなければダメなわけですが，その説得力というのが大事なわけです。プラス，情報を持っていないと，外交の力は出てこない。アメリカの外交の力の1つの根源というのは圧倒的に大きい情報を持っているということであるわけです。そういうものを総合した外交の力がやはりその国の影響力としてある。軍事力や経済力というのは総体的に小さくても外交の力が強い国というのはあるわけでありまして，そういう国というのは世界的に大きい影響力を持つわけであります。英国のような国が，大英帝国がなくなっても戦後今日でもそれなりの影響力を持っているというのはなぜかというと，先ほど申し上げたような意味での非常に優れた外交の力を持っているからであります。

　最後の要素として，私は理念とか思想とか価値とかということを言うわけであります。先ほど，世界の経済の流れが大きく変わることについては中国の鄧小平やイギリスのサッチャーやアメリカのレーガンという人の名前を挙げましたけれども，そういう人によって代表される物の考え方，そういうものは世界を変える大きな力になるわけです。理念とか思想とか価値観というものがなければ，その国がいかに大きな軍事力，経済力を持っていても大きな影響力というのは持つことができない。それでは，国際関係を見た場合にどの要素がより強い影響力を持つかというと，軍事的な，政治的な対立が強くなればなるほど，軍事的な要素というのは大きくなるわけですけれども，そうでない時は経済力や他の要素が強い影響力を持ちうる。そういうことで，私が申し上げたいのは，多極化時代の国際関係は決して非常に安定的なものではない。国の相互間の影響力というのは常に変化するし，また，新しいプレイヤーが出てくる。新しいプレイヤーが出てくると，その新しいプレイヤーとの関係をまた新しく作っていかなければならない。そういうことで，多極構造というのは，東西二極構造と違っ

て非常に不安定な構造であるわけです。

新しい国際秩序づくり

　今申し上げたように3つのベクトルのそれぞれが，本来的に不安定な要素を抱えているのがこれからの21世紀の姿であるわけです。そういう世界が何を必要としているのかを考えてみるとき，3つのベクトルを，時計の針を逆に回すように戻せるかというと，それはできないと考えるのがまず適当だと思います。3つの流れは基本的に大きな歴史の流れだと考えるべきで，たとえば民主化や市場経済化というのは先ほど私がお話したことから明らかだと思いますが，決してアメリカが説教し，世界の国に民主主義になれ，市場経済になれと言って他の国が受け入れてそのようになっているわけではないのであります。むしろそれは本来的な流れで，情報技術の革新や人間の価値観の多様化など，そういうことによって起こっている現象でありますから，その現象を戻そうと思っても，それはできないわけであります。そこで，3つの流れに沿って，そういう流れの長所を活かしながら他方において流れが持っている不安定性をできるだけ減らしていく。そういう新しい国際秩序が今求められていると考えるべきだと思います。

　人間が集団として生活していく，これが社会でありますけれども，そういう社会の中で生活していくためには当然，人間同士の活動を規律するルールが必要です。そのルールを適用していくためのシステム，制度も必要であります。そのルールと制度を合わせて「秩序」と一般的に呼ばれていますが，国の中では秩序というのは政府が作る。そして，それを守っていく責任がある。それと同じように国際社会でもやはり国家ができるだけ平和な関係の中で生きていくというためには，一定のルールとそのルールを守っていくための制度が必要なわけであります。国連やIMFや，あるいは貿易についていえばWTO―かつてのGATTですけれども―などの国際機関ができて，国際的なルールができているのもそういうためであります。国内社会と国際社会が基本的に違うのは，国内社会というのは政府があって，政府が持っている権力，組織によって秩序を国民に基本的には強制する力を持っている。しかし，国際社会というのは，あくまでも国家が単位であり，主権平等の国家が国際社会を構成している。そうなると，ルールを基本的には強制できる世界政府は存在しないわけでありまして，今後と

も予見できる将来，そういう世界政府はできないだろうと思います。そういう国際社会の中で国家同士がどう生きていくかというとになれば，ルールやシステムはあくまでも国家間の同意によって作っていくということでなければならない。そうすると，どうやって作るのか。今国連に185の国が加盟し，185の国が一国一票でやっているわけであります。けれども，現実の世界ではどうかといいますと，やはり先ほど言ったような大きな影響力を国際政治，経済に持っている国がそういう秩序作りということをやっています。影響力を持った国がその秩序を守っていかなければ国際社会は成り立っていかないわけであります。先週お話した日米関係の中でもそういうことに少し触れましたけれども，アメリカが作ろうとした秩序をソ連が拒否して冷戦になりましたが，これからの世界というのは先ほど言ったように多極化の時代でありますから，アメリカ一国が世界の秩序を作っていくことはできないわけであります。どうしてもいくつかの国がお互いに協力して新しい秩序を作っていく必要がある。そういう国際秩序が成り立っていくためには2つの要件を満たさなければならないわけです。

　1つは，「普遍性」という要件であります。もう1つは，「永続性」とか「安定性」という要件であります。要するに，国内秩序もそうですけれど，どんな秩序でも，社会のできるだけ多くの人が秩序を受け入れなければ秩序は守れない。それから，秩序がしょっちゅう変わるようであれば秩序の役割を果たさないわけでありますから，秩序は安定していなければならない。安定しているということはどういうことかというと，その社会を構成している大多数の人がその秩序というものが自分の利益になると考えてそれを受け入れるということであります。国際社会でも，大多数の国がルールや制度を守っていくということが自分の国の利益になると考えれば，その秩序というのは長続きするわけであります。

　それで，私は，よく新しい国際秩序は，耐震構造でなければならないと言っています。これはどういうことかというと，要するに，一方において秩序は強くなければならない。ルール破りをする国が出てきた場合には，その国に対してルールを強制するだけの力を持っていなければならない。他方，先ほど多極化のお話の中でも言いましたが，国際社会というのは絶えず変化するわけで，自分の利益を考えた秩序に修正する要求が常に出てくるわけであります。そういう秩序を平和的に変えるというメカニズムを持っていないと，非常に硬直的な秩序は，地震が起これば建物がすぐ崩壊

してしまうように，長続きしないわけであります。したがって，ある一定の柔軟性を持たなければならない。そういう秩序を作っていかなければならないと考えるわけであります。

先ほど3つのベクトルのことを申し上げたのは，これからの国際秩序を考える上で非常に意味があるからでありまして，これからの国際秩序は，どういうものにならなければならないかというと，1つは多元化を促進するような秩序でならなければならないだろうということであります。すなわち，多様な価値観や選択の自由を許容する政治，経済体制ができるだけ多くの国によって共有されるような秩序ということが必要であるということであります。もちろん，民主主義や市場経済などというシステムは嫌だと思っている国に他の国が強制するということはできないわけであります。それも無理矢理強制しようと思えばいろいろな反発，対立，摩擦が起こって，非常に具合の悪いことになるわけであります。ということで，強制はできない。しかし，そういう方向に行きたいと努力している国に対してはそういう民主主義体制，市場経済体制に移行する過程で起きてくるいろいろな困難，痛みをできるだけ和らげる。そしてそのシステムの移行ができるだけスムーズに行なわれるように他の国がそれを助けてあげるということができるわけです。そういう自主的に体制の転換をしていこうという国を助けていく，支援をしていくということができるような秩序でなければならないということであります。

それから，グローバル化のことについていえば，グローバル化というのはいいことばかりではないわけであります。サミットで過去四年，首脳同士が議論している問題は，グローバル化の2つの側面であります。1つには，グローバル化というのは市場メカニズムが持つ創造力を非常に活かして，今まででは考えられないほど世界を豊かにする力を持っている。しかし，他方においては，市場原理は放っておくと，非常に行き過ぎる。行き過ぎた結果は，最近ではアジアの経済危機が如実に示したわけですけれども，ジャーナリズムは「マーケットの暴力」という言葉を使いますが，非常に大きな破壊力を持っている面があるわけであります。ですから，一方において市場原理の長所，創造力を活かしながら，他方においてはマーケットの行き過ぎをコントロールする，ということはどのようにすれば可能なのかということはそう簡単には答えが出てこない問題なのです。けれども，その問題に対応するためには，一方においては国際競争をできるだけ

進めていく。しかし他方においては相互依存がどんどん深まっているわけでありますから，相互依存を別の言葉でいえば，国際協力ということでありますけれども，そういう競争と協力を両立させていくためのルールを考えなければならないわけであります。

それから，最後は多極構造でありますけれども，多極構造の安定化を考えていかなければならない。安定化というのはなかなか難しいことでありますけれども，できるだけ違う価値観，体制のある程度の違いを許容する。その新しい秩序の中心になる担い手というのは，どうしても市場経済化，民主化ということが1つの大きなベクトルであります。ですから，そのベクトルに従って民主主義とか，多元主義的な社会にコミットしている国が新しい秩序づくりの中心にならざるを得ないわけであります。これはアメリカであるとか，日本であるとか，他の民主主義，市場経済の国が協力してそういう新しい秩序を作らなければならないわけです。しかし，だからといって，必ずしもそういう価値観を共有していない国も世界にはあるわけであります。そういう国を積極的に排除するようでは，先ほど言ったような普遍的な，あるいは安定性のある秩序ができないわけであります。できるだけ違う国も含めて協力関係を多様化して，そして1つの問題をめぐって対立が起こってもそれが全面的な国と国との対立に発展しないような，先程言ったような柔軟性を持つ秩序を作る必要があるだろうと思います。

秩序づくりに対するの日本の責任

それではそういう秩序づくりの中で日本が果たすべき役割は何なのだろうかということを簡単に，私の考え方をお話したいと思います。

まず，結論として申し上げたいのは，日本にはそういう秩序づくりに積極的に参加していく責任があるということであります。先ほど，国内社会では政府が秩序を作るけれども，政府が存在しない国際社会では一体誰が秩序を作るのかという場合に，国際政治，経済に大きな影響力を持っている国，普通それを大国といっているわけでありますけれども，大国が秩序を作って，守っていく基本的な責任がある，それが世界の現実の姿だということを申し上げました。それでは，日本は大国としての要件を備えているのだろうか。大国の要件として軍事力，経済力そして外交の力，思想の力，あるいは理念の力，と大きくいって4つの要素を申し上げました。そ

れでは，4つの要素のそれぞれについて日本はどうなのかということを考えてみると，軍事力については，ご承知のように日本は戦後，憲法9条の下で軍事大国にならないということを内外に約束してきたわけであります。しかし日米安保条約，あるいは日米同盟ということでアメリカが持っている軍事力と日本が持っている防衛力を組み合わせるということによって，冷戦時代においてもアジア太平洋の安定の大きな力になってきたわけであります。これからも引き続き日米安保体制，あるいは日米同盟を維持していく限りにおいて，そういう軍事力という面でも，日本は，少なくともアジア太平洋では大きな責任を果たす力を持っているわけであります。

　経済力についていえば，当然のことですが，日本は世界第2の市場経済国であります。国際経済，あるいは世界経済に大きな影響力を本来持つべきでありますし，また潜在的に持っている。90年代は，日本にとっては失われた90年代というようなこともいわれますけれども，日本の経済を建て直す必要があります。しかし，一旦立ち直れば，やはり日本は大きな力を持っていると言えるわけであります。

　私は外務省に40年いて仕事をした人間としてそういうことを言うのは非常に残念なわけでありますが，先ほど申し上げた外交の力を構成している構想力や説得力，それから情報の力というのは，日本の国力の中では一番弱い面だろうと思います。しかし，これは先天的なものではないわけで，努力をすれば身につくものでありますから，決して諦めてかかる必要はない。むしろ，もっと積極的にそういうものを持っていく努力をしなければならないということであろうと思います。

　それから4つ目の理念，あるいは思想の問題でありますが，日本の戦後憲法が掲げている3つの理念は即ち，1つは平和主義であり，2つ目は民主主義であり，3つ目は国際協調であると思います。この基本的な憲法の理念というのは，相当普遍性を持っている，日本が主張して決しておかしくない，普遍性を持っている理念，あるいは価値観だと思っております。

　したがって，外交の力を身につける努力を日本はする必要があると思いますが，基本的にいえば，日本というのは，やはり新しい21世紀の国際秩序作りに参加していく基本的な要件を持っているし，また，その責任を果たしていくべきだと思います。日本は国連の安全保障理事会の常任理事国になろうと言っているわけでありますけれども，やはり日本がそういう役割を国際社会の中で果たしていくというためには，安全保障理事会の常任

理事国になるべきだと言っているのであります。

　それでは，2つほど，これからの秩序作りに参加していくための日本の外交ということに関して申し上げます。1つは，先ほど申し上げました憲法の理念としての平和主義の問題ですが，私は湾岸戦争の時に日本の平和主義の意味というのは本当に何なのであろうかということを日本人自身も自問しましたし，国際的に日本の平和主義というのは何なのだろうかと問われたと思います。私は当時外務省で事務次官をしておりましたけれども，テレビとかその他いろいろな機会に，日本だけが平和であればいいんだという，一国平和主義は世界には通用しないのだということを言いました。しかし，その後10年近く経って，今日考えてみると，日本自身がまだ，一体日本の平和主義というのは何なのかについて十分納得するような答を出していないのではないかと思います。それで，3つの例が思い浮かぶわけでございます。

　1つは，湾岸戦争の後，日本はそれなりの教訓を踏まえて，国際平和協力法を作って，そして自衛隊が国連の平和維持活動，PKOに参加する道を開いたわけであります。しかし，その時もいろいろ国内の政治事情から，いわゆる本来的なPKOの仕事，停戦監視などの部分では当面参加しないということで，それを凍結してしまったわけです。3年経てば見直すということになっていたのですが，その後8年経っても未だに凍結状態が続いている。最近は与党の間で，この凍結状態をなんとか解除しようといった動きがようやく出てきていますが，現状として日本はまだ一人前の国としてPKOに参加するということになっていないのであります。

　それから，2つ目は最近出てきました東ティモールであります。東ティモールの選挙監視の要員を国連がつのって出したわけでありますが，ここに，日本の場合は3人しか参加できなかったわけです。それから現在，多国籍軍，豪州を中心として，ASEANその他の国が参加してやはり20ヵ国が参加するということになっていますが，多国籍軍が東ティモールに出て，そして東ティモールの平和，治安を回復する仕事に従事しているわけでありますけれども，そこには日本の姿はないわけであります。貧しい国が軍隊を出す，その費用が払えない，それでは困るというので，日本がお金を出すということにはなっておりますけれども，日本の自衛隊がそこにいくということはない。そこには日本の姿はないということであります。

　それから，3つ目の例を申し上げますと，ご承知のように，「日米防衛

協力のための指針」という新しいガイドラインができまして，それを法制化するということで先般の国会でいわゆる周辺事態法ができました。法律はできたわけでありますけれども，万が一の時に一番重要なことは何か。マスコミ等では自衛隊が外に出ていって，米軍にいろいろ協力をするということが報道されました。しかし，一番重要なことは何かというと，朝鮮半島有事のような時に米軍が戦わなければならない。そのためには通常アメリカの基地になっているところ以外の日本の民間の飛行場や港，それから鉄道をアメリカの兵員とか物資を輸送するために優先的に使わせるということでありますが，このためには地方公共団体の協力が当然必要なわけであります。しかし，地方公共団体がこのような協力を一体拒否できるのか，できないのかということが非常に議論になっているわけであります。

　私は，以前に新聞に寄稿したことがあるのですが，日本の態度を例えると，隣の家が火事になった。そうすると，消防隊が来て隣の家の火事を消そうとしている。その時に，隣の火事を早く消してもらいたいけれども，私の家には水がかからないようにしてくれと言っているようなものだと私は書いたわけでありますけれども，やはり依然として日本の中には一国平和主義というのが非常に強い。この一国平和主義はどこから出てきているのかというと，止むを得ない面もあるわけです。それは一つは日本の敗戦の体験から出てきて，武力を使うことはいかなる場合においても絶対に悪であるという，絶対平和主義ともいうべき考え方です。それから，戦後やはり日本は長年にわたって自国の平和をアメリカに任せてきた。アメリカに任せてきた結果，日本自身がどうやって平和を守るのかを考えることをやめてしまったということであります。

　その2つの理由から日本の一国平和主義が未だに根強く残っているわけでありますけれども，平和主義が本当に平和主義であるためには，これは国際協調と一体化したものでなければいけないわけでありまして，平和はタダでは守れない。湾岸戦争の時を私は例にひいたわけでありますけれども，当時サウジアラビアから脱出してきた現地の日本人学校の先生が，自分は現地で実感したことだけれども，平和，平和と言っているだけでは本当に平和は守れないのだということを痛感しましたとテレビで言っておられました。まったくそのとおりなのでありまして，平和はタダでは守れない。常に，平和にはリスクとコストが伴うわけで，そのリスクとコストを他の国と分担するということでなければ同盟関係や国際協調ということも

成り立たないのであります。日本は危ないところには行かないと湾岸戦争の時にもいわれました。また，今度の東ティモールの時も選挙監視に3人しか出せなかったのはなぜなのかというと，カンボジアのPKOに日本は参加しましたけれども，その時に2人の方が貴重な命を失われたからであります。そのこと自体は非常に残念なことでありますけれども，しかし，3人しか出せなかったのは，万が一また人命が失われるようなことになったならば，二度と国連の仕事に日本人を出せなくなってしまうということを政府は心配したのだといわれています。しかし，日本人がリスクを負わなければ，誰か他の人がリスクを負わなければならないわけでありまして，日本がリスクを負わないということは，要するに平和のリスクとかコストを他の国に全部しわ寄せしてしまうということであります。それでは日本は国際秩序づくりに参加していけないだろうと思います。

　それから，2つ目に申し上げたいことは，それでは，国際秩序づくりというのは日本ひとりではできないわけですから，誰かパートナーを選ばなければいけないわけであります。パートナーというのはどういう基準で選ぶのかということでありますが，私はその基準は3つあると思います。

　1つは，日本と基本的な価値観を共有している国でなければならない。価値観の共有があって初めて国際秩序はどういうものであるべきかについて共通のビジョンがそこに出てくるわけであります。やはり，基本的な価値観を共有しない国をパートナーに選んでもこれはうまくいかないわけであります。

　それから2つ目は，先ほど言った4つの要件を考えて，国際政治，経済に大きな影響力を持っている国と手を組まなければならない。影響力を持たない国といくら手を組んでも，秩序作りはうまくいかないわけで，やはり影響力が強い国と手を結ばなくてはならないのであります。価値観を共有しながら，強い影響力を持っている国と手を結ぶ必要があるということであります。

　それから3つ目の基準というのは，やはり日本の置かれている地理的な環境から日本と同じようにアジア太平洋の平和や安定，発展について大きな関心を持っている国でなければならないということであります。そういう国と手を結ぶということでなければ，やはりアジア太平洋の問題を解決できないわけであります。そういう3つの選択基準を考えてみると，答ははっきりしていると思うわけです。それは，申すまでもなくアメリカなの

でありまして，やはり日米関係というのは今申し上げたような理由から今後も日本の外交にとっては基本的な柱，あるいは基軸と政府は言いますけれども，そのようにならなければならないと思います。

おわりに

　最後に，日本の外交のあり方について基本的なことを1つ申し上げたいわけであります。私は1989年，ちょうど10年前ですけれども，外務事務次官になりました時に，これからの90年代の日本外交ということで，「大国づらをしない大国の外交」をする必要があると言ったわけであります。現に，そのようなテーマで雑誌に論文を書いたり，いろいろな場で講演などでもお話をしたことがございます。今でもそのように思っています。大国の外交というのはどういうことかというと，先ほどお話したことからも明らかだと思いますが，要するに国際秩序の形成とか維持に積極的に責任を持っていく外交ということであります。大国づらをしないとはどういうことかでありますが，2つの意味があるわけであります。

　1つは，自らがルール破りの国にならないということであります。これは戦前の日本の行動に対する反省でもあります。国際秩序の担い手になるのが大国の責任でありますけれども，大国が自分で秩序を作ってルールを作ったのはいいけれども，ルールを作ってから今度は自分の都合が悪いということで，そのルールを曲げるとか破る。これは大国の横暴なわけでありまして，これでは国際秩序を維持していくという責任を果たすことにはならない。そのためには，狭い意味での国益と国際社会の共通の利益との接点，共通面を広げていく。国際社会の共通の利益の中に日本の国益を結び付けて考える。そういう思考の下で，国際ルールに従った外交をしていく必要がある。それが「大国づらをしない大国の外交」であります。

　もう1つの大国づらをしないということの意味は，やはり日本は好むと好まざるとに関わらず第2次大戦，あるいは太平洋戦争の負の遺産，マイナスの遺産を背負っているということを忘れてはいけないということであります。私は，いわゆるジャーナリズムのいう謝罪外交を奨励するとか，あるいはそういうものを続けろと言っているわけでは毛頭ないわけであります。また，戦後世代の人が第2次大戦とか太平洋戦争は自分たちが起こしたものではないのだと，ある意味では自分たちの責任ではないのだと考

えて，中国や韓国がしばしば提起する歴史認識の問題について反発を抱くというのもある意味では自然なことだと私は思っております。しかし，歴史というのは人の記憶から消すことはできないのです。だからこそ，国家がある時点で行なった行為の結果は後の世代の人も背負っていかなければならない。これは日本だけの問題ではなくて，たとえば戦後のドイツもある意味では日本と同じ問題を抱えて戦後50年，新しいドイツの生き方をしてきたわけであります。したがって，日本ばかりの問題では決してないわけでありますけれども，やはり国家が行なった行為の結果から後の世代がまったく免責されてしまうということはないと考えなければいけないわけであります。現実に，日本の過去の植民地主義とか軍国主義から被害を受けたアジアの国々が依然としてそういう歴史の記憶を持っている，そしてその結果として日本に対する不信が未だに拭いきれていないということも現実であるわけであります。そういうことを忘れて大国づらをすれば，そういった日本がアジア太平洋で政治的な役割を果たすということが受け入れられるはずがないわけであります。

　それでは，その戦争の負の遺産は一体いつまで続くのかということでありますけれども，そういう負の遺産というのはいつかは精算しなければならない。しかし精算するためには非常に長い時間がかかります。それから，先ほど言った憲法の3つの理念，平和主義とか，民主主義とか，国際協調というのは，それはマッカーサーが書いた憲法だという批判もありますけれども，戦後日本人がそれを受け入れてきたのは，やはり戦前の日本の生き方に対する反省があって，そしてそのアンチテーゼとして3つの理念を受け入れてきたのだろうと思います。そういう3つの理念に基づいた実際の行動を積み重ねていくということが必要である。金大中大統領が昨年訪日されまして，平和主義の国としての，あるいは民主主義の国としての戦後の日本の生き方を評価すると言われた。これがその後の日韓関係の進展に非常に大きなはずみをつけることになったわけです。それは1つの例ですけれども，そういう現実の行動での積み重ねがあって，初めて日本の負の遺産が時と共に解消されていく。やはり，日本の外交はそういうことを踏まえた外交でなければならないと最後に申し上げて私のお話を終わりたいと思います。

（9月25日講演）

新しい海洋法秩序の形成
―世界と日本に対してもつ意義―

井口武夫 国際基督教大学客員教授，元駐ニュージーランド大使

経済水域確保のため285億円をかけて補修された沖ノ鳥島（1988年8月）

はじめに

　私は国際法の立場から海洋をみておるわけですが，国際法は国家間の法であります。国家間の法では昔から戦争と平和，それから海というものが大事になっております。というのは，国家の領域内では国家は何でもできますが，その外は他の国に属するかまたは海があり，国家は何もできない。国家と国家の権限がぶつかる陸と海では，戦争の問題，安全保障，平和の問題があるのです。国際法の父といわれるグロティウスは，戦争と平和の問題を書いたのですが，もう1つは自由海論，海洋における国際法の問題を書きました。海洋は自由で開かれた世界であり，そこに国家の権限，管轄権がどのように及ぶか，これが海洋の国際法というものを非常に重要にした理由です。

　新しい海洋法条約というのは，1982年に署名されて94年に発効し，日本では96年に国会の承認を経て，海の日である7月20日に発効しました。それは，新しい海洋の法秩序というものに日本が積極的に合意し，今後海洋法によって21世紀の国際社会というものが大きく規律され，それに日本も貢献したいということの現れであります。

自由の無限の象徴としての海

　そもそも地球の3分の2の海というものはどのように秩序が決まっていたかということですが，昔はまったく秩序がなかったわけです。海は海賊の住処であり，航行する場合には常に危険が伴う。それが大航海時代になり，世界中の海にスペイン，ポルトガルの船が行き交うようになった。その時スペインとポルトガルはローマ法王の勅許により世界の海洋を分割したわけであります。必ずしもスペイン，ポルトガルは海の領有権を主張したわけではなくて，宗教の伝導と商業の独占権を主張し，そしてそこで発見された陸地と島の領有権を緯度経度によって両国で分けたということでありました。フィリピンはその時代にスペインの植民地になるわけですが，スペインはフィリピン群島に対して，海を含めて領有したという考えで植民地とし，アメリカがそれを継承し，フィリピンはその後独立するわけで

す。フィリピン人はスペインが自分たちに群島のみならず，海の領有権も与えたとし，フィリピンの憲法では，群島水域においてはフィリピンの主権的権利があるとしています。これはスペイン植民地時代からの，陸を領有するものはその周辺の海を領有するという考え方が基になっているわけです。

　しかし，海というのが果たして領有し得るのかということが，国家や国際法の学者の間で議論されるようになりました。結局，海を領有することはできず，海では自由に航行し，自由に資源を確保し，自由に利用できるのだという原則を，近世国際法は公海の自由として体系の根幹に築き上げたのであります。その背景には，海というのは無限に大きく，無限に豊かな漁業資源があり，海に何を流しても自然に浄化作用で浄化されるという考え方があったわけで，このような観点からみたときに，海を利用するのは自由であるということになるのです。グロティウスも，空気と水はいくら使っても他に迷惑かけないし，海もいくら使っても迷惑をかけない，だから自由に利用できると考えたのです。そういう意味で海は自由と無限の象徴であったわけです。

　それが20世紀の後半，まさに私たちの時代になると，どうも海は自由と無限の象徴ではなくなってきたのです。漁業については，かなり乱獲して資源が枯渇してきて，何らかの国際的な規制が必要ではないか，そうしなければ漁業資源というものが我々の子孫の時代にはなくなってしまうのではないかという議論が起こってきたのです。それから海が無限に浄化作用をもつということも疑問視されています。現に海には種々の油，あるいは有毒物，プラスチック，産業廃棄物，生活廃棄物などが捨てられるのですが，その結果として海が汚れてきて，自浄作用で再び綺麗な海になれるかどうかということが議論されています。

　地球環境というものを保全する場合に，地球上の半分以上である海の環境保全を考えざるを得ない。海洋汚染防止というものはその汚染が進んでいるだけに，非常に大きな問題として，ご存知のとおり問題になっています。そのような意味で，海はもはや有限の海であり，今後の子孫のためにこれを大事に保存して次世代に引き渡してゆくことが今後の地球社会，人類社会にとって必要ではないかという意識が，1971年の第3次海洋法会議の頃から叫ばれてきたわけです。

海洋法会議と人間環境会議

　1971年の海洋法会議が始まった翌年にストックホルムで人間環境会議が開かれたのですが，日本からも水俣病の被害者の方々が来られたり，環境問題で沖縄の大学の先生が来られたりしました。私もストックホルムで人間環境宣言を担当しましたが，その1972年の会議は，日本として非常に注目した会議でありました。そのために環境庁をつくり，環境庁長官が来て，今後日本としては海を含めた地球の環境保全というものについて努力したいということを宣言されたのであります。

　そして，その時に人間環境宣言で私が担当した1つは，大気圏内の核実験を禁止するということでした。今から考えるとそれが最後に争点になったわけですが，大気圏内の核実験を禁止するという日本の提案に当時フランスと中国が反対したのです。フランスと中国はまだ大気圏内の核実験を行っていて，日本が人間環境宣言をコンセンサスで採択する上で，おりてくれといわれたのです。しかし日本の訓令は非常に強かったのです。環境庁は，これで日中関係が悪くなるとやはり問題になるかもしれないし，この訓令をがんばって環境宣言が採択されなくても困るかもしれないと言い出したので，人間環境会議の最高顧問であった大来佐武郎先生にも相談したのですが，大来先生は「ここは日本ががんばらなくてはいけないから，君はがんばっていい。こんなことで日中関係は壊れない」とおっしゃってくださいました。結局は最後に中国とフランスがおりて，環境宣言に日本の立場が反映されるような条文がはいったのです。

　その時に実はもう1つ問題になったのが，鯨の商業捕鯨の禁止でありました。ストックホルムのホテルに，日本の捕鯨関係のオーソリティである水産庁の米沢さんといって今は日本水産の副社長をしていられる方が，何か商業捕鯨の禁止の提案が環境問題として出されて代表団の部屋で苦しんでいたのです。私はその頃，ホテルの窓から外を眺めていると，鯨の行列が来て，ああ面白いなと思ってベランダに出てみました。そうしたら，ちょうど日本代表団のベランダの前で止まり，手を振っているのです。私は鯨のお祭りだなと思ってニコニコ手を振りかえしたのですが，そうではなくて彼らは人間環境会議で鯨の商業捕鯨を禁止しようと思って日本代表団

のホテルに抗議にきたデモ隊だった，ということもございました。

　鯨は地球環境のいわば1つのシンボルになりました。科学的調査でいくら鯨の資源が何パーセントも回復しても，少しでも保存に害がありそうであれば獲らせないと言われたのです。害がないということを絶対に証明しなければ捕獲してはいけないのだと言うのですが，絶対害がないということを証明するのは非常に難しいのです。そのために科学調査をして鯨の体内を調べたりすると，それがまた調査捕鯨の名をかりて商業捕鯨だと批判されたわけです。そういう意味で海洋法会議，人間環境会議というのは世界中の意識を変えていったと，そういう思いがするのです。

200カイリの時代と日本の漁業の転換

　私はそのような時代に外務省で仕事をしてきて，今皆様にお話をするわけですが，実は新しい海洋法秩序というものはいわば200カイリの時代といわれております。要するにそれは，排他的な漁業水域，あるいは排他的経済水域が沿岸から200カイリまであり，沿岸国が200カイリにわたって，沿岸の漁業資源を独占的に探査開発し，管理するという法制度であります。あるいは経済水域というのは漁業だけでなく，海底の鉱物資源である石油，石炭，天然ガスも含み，さらにその先の大陸棚まで沿岸国が排他的，独占的に開発する権利を得るわけです。たとえ沿岸国に開発する能力がなくても，他国は沿岸国の許可なくして獲ってはいけない。沿岸国が自ら獲れるまで，あるいは合弁その他許可するまでは開発してはいけない，それが200カイリ時代ということです。

　それは国際法，あるいは国際社会における革命であるといわれている所以であります。何なれば，領海というのは領土の延長であって，領海は本来3カイリ，目でみえる範囲の海，あるいは大砲のとどく距離といわれていたわけです。領海は12カイリという説をとる国もありますが，日本は開国以来70年代までイギリスやアメリカに倣って，領海は3カイリとしてきました。ともかく，その狭い範囲が，領土の不可分の一部である領海というものとしてこの何百年も認めてきたわけであります。ただその過程で，フランスが，領海は6カイリと主張し，スカンジナヴィア諸国は4カイリと主張したこともあります。そういう点で数字のばらつきはありましたが，

図　日本の200カイリ水域

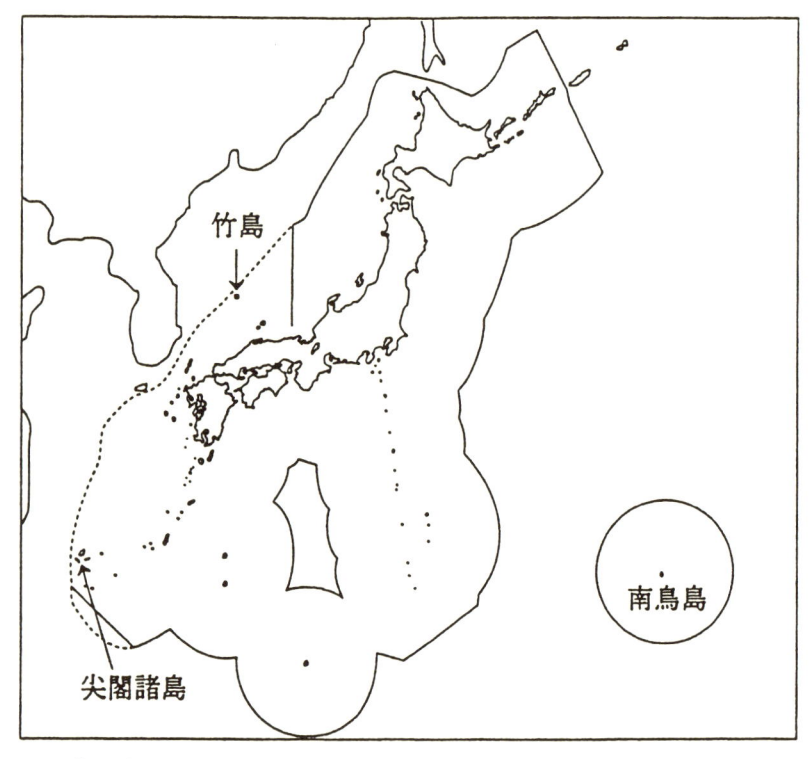

───：「漁業水域に関する暫定措置法」（法律31号，昭和52年5月2日公布）にもとづく漁業水域の限界線
----：閣議了解（平成8年2月20日）および「排他的経済水域及び大陸棚に関する法律」（法律74号，平成8年6月14日公布）にもとづく排他的経済水域の限界線

3カイリから12カイリまでが排他的に沿岸国の主権に付属する海域でありました。

　領海である限り他の国はそこでは魚，その他の資源は一切獲ってはいけないし，船でうろつけば密入国，あるいは密輸の疑いで逮捕されてもしょうがないということです。逆にいえば3カイリ，あるいは12カイリの領海の外はいくらでも魚を獲れたということです。だいたい200カイリの沿岸で世界の漁業資源の8割が存在するといわれていて，日本は遠洋漁業国として以前は随分と200カイリの中で魚を獲れたわけです。それが200カイリ時代になると，沿岸から200カイリは沿岸国が資源を独占するのですから，

日本の遠洋漁業は閉め出され，ここ25年くらいのうちに大転換を余儀なくされたわけです。

　私がニュージーランドの大使で赴任したのがもう10年くらい前でありますが，ウェリントンの公邸から湾が見えました。私が赴任する10年くらい前は毎日日本の漁船団が入港し，1ヵ月に30隻くらい入っていたのですが，私のいる間の2年半は，1ヵ月に1隻入港するかしないかでありました。それだけ200カイリのなかでニュージーランドの許可を得て操業することが難しくなったわけです。それでもニュージーランドはなお日本漁船に200カイリ内の操業を認めている数少ない国で，ほかの多くの国は200カイリの外に出て行ってくれということで魚が獲れなくなったのです。

　そこで日本の漁業について思い出があるのですが，観光船に乗って夜ニュージーランド沖を航行していると，不夜城のように煌々と明かりを照らして操業している船がありました。それは日本の烏賊つり漁船でありますが，数隻，徹夜で烏賊を獲っているのです。他の国の漁船なんて何1つ操業していないのです。こんな漁業の熱心な国はないと感動いたしました。しかも日本の漁船は世界一優秀であり，技術に加えて漁具もものすごく立派なものを持っています。東海大学も海洋学部があり，東大にも海洋研究所がありますが，世界の大学であんな高度な海洋調査の船と機材をもっているのはアメリカの海洋研究所以外はないでしょう。東西冷戦時代，私がパリで極秘の打ち合わせをしていたときに，アメリカが共産圏に日本が魚群探知機を輸出しないでくれという話がありました。なぜだと聞くと，国防省が反対しているというのです。私は，これだけいい魚群探知機なのだから，世界の国に出して漁業を援助するのはいいではないかと反論したのですが，アメリカは，この魚群探知機が共産圏に行くとこれでアメリカの潜水艦が全部探知されてしまう，といっていたこともありました。要するに日本の魚群探知機は大変戦略的な性能があるということです。ペルー沖では日本の漁船の操業に体当たりしたペルーの潜水艦が沈んだという有名な話もありました。

　また，ニュージーランドの漁業大臣とマグロ漁船について議論したこともあります。日本のマグロ漁船がニュージーランド漁船に文句をいうわけです。自分たちがせっかくいいマグロを何日も探して獲ろうとするとニュージーランドの漁船が殴りこみをかけてきてそれを横取りしようとする。

それで漁業大臣と話して,日本の漁船の創業している500メートル以内には入ってはならないという協定を交渉したのです。しかし彼らの言い分は,いい黒マグロなどを獲ると,うまくすると築地で100万円で売れるかもしれず,ニュージーランド漁民が1万ドルの魚を捕まえれば1年働かないですむ。だからそれ1匹捕まえてそれを日本の商社に売れば,自分は寝て暮らしていけると思うと,黒マグロが金のようにみえて,日本の漁船が獲ろうとするのを横取りするというのです。ニュージーランドの漁船は土日は休むし,夜も働かない,そうやってニュージーランドの漁業資源は保護されているのに,日本の漁船は土日も働くし,徹夜で働いて自分たちの魚をとっていくのだから,その分け前を要求するのは当然だという言い分です。結局は私のいうことを漁業大臣は聞いてくれましたが,このように日本の遠洋漁業の優秀さというのは世界中の漁業者の脅威であると同時に,非常に自然保護にも不安を与えるようになってきたのです。200カイリ時代というのは日本の漁業の形式を変革した。日本の漁船が遠洋に行って外国の沖合で徹夜で週末も働いて獲って帰ってくるという時代から,向こうに援助するかわりに獲らせてもらうか,向こうの獲ったものを日本に輸入して市場で売るかという形に転換させたのです。また日本沿岸の養殖,栽培漁業も重視されています。海の法律の転換は,商業的な形態まで転換させたと考えられるわけです。

生みの親か育ての親か

ただ実は日本の場合には一番大事な漁場はアメリカ沖とソ連沖だったのです。ソ連の200カイリのなかから日本が押し出されたために,日本は180万トン失ったのです。アメリカでも150万トン失いました。日本の漁業の4分の3はソ連とアメリカの200カイリ沖であったわけで,ニュージーランド,オーストラリアあるいは南太平洋の小さい国の200カイリ内でマグロが獲れなくなった以上に,ソ連や,アメリカ,カナダ沖でサケ,マスが獲れないことが日本の漁業に大きな打撃を与えたわけです。私もロシア代表,あるいはアメリカ代表とは海洋法で議論したことがありますが,日本の遠洋漁業を自分たちの経済水域から撤退させてほしいといい,アメリカもソ連も1976年から1977年に漁業水域200カイリ法を制定して,日本は5

年から10年かけて徐々に撤退を余儀なくされました。

その過程で、アメリカとカナダはサケマスについては、孵化するユーコン川とか、自国の河川にものすごく投資して資源保護をしている。それが公海で日本の船に獲られては、自分たちの投資が無駄になる、だから沖獲りは禁止したいというのです。ソ連はシベリアにそれほど投資してはいなかったと思いますが、それと同じようなことをいう。それに対して日本は、サケ、マスは公海の魚種であり、育ての親は公海であると主張し、日本漁船が危険を冒して獲るのだからいいではないかと反論したのですが、ソ連やアメリカは、「生みの親」はソ連、アメリカ、カナダの川であるといって、生みの親か育ての親かの論争をしたわけです。結局日本が負けたのですが、育ての親である公海の資源ではなくて、生みの親のサケマスはそれぞれの母川国のものであると25年のうちに考えられるようになったのです。海洋法条約ができたときは遠洋漁業国の沖獲りは認めていて、沿岸国に経済的な困難を与えないようにするということは決められていたのですが、公海漁業を禁止するというところまではいかなかったのです。しかしそれがこういうかたちに少しずつなっていったのは、日本とアメリカ、あるいは日本とソ連の力関係というものが背後にあったといえるわけです。

これからの日本漁業

そのようななかで、日本は今後どうしたらいいのかということですが、北海道の川も最近は非常に綺麗になりました。北海道のサケマスは私が77年にいったときには川に帰ってくるサケ、マスは数千トンだったのですが、それが今は20倍くらい戻ってくるわけです。自分の川を綺麗にして、自分の母川に戻ってきたところで獲るというようなことになってきたのです。それはすなわち遠洋の漁業ではなくて、沿岸の栽培、養殖、再生産する漁業が非常に大事になったということであります。これは各国も同様です。その結果、日本の領海は12カイリ、経済水域は200カイリに制定しました。また直線基線という制度を作ってなるべく広く経済水域を確保するようにして、日本の養殖漁業によって日本の遠洋漁業で失った分を沿岸漁業で回復しようとしているわけです。これから日本はますます日本の200カイリの中で漁業を行なうようになるのであります。

また，これからの漁業で日本にとって大事なのは途上国へ一層漁業協力をすることであります。日本の漁具は間違いなく世界一です。40年前からJICAの技術協力で行なっている日本の水産漁業技術援助というのは非常に評判がいいのです。
　途上国が一番学ぶべき漁業技術は日本が持っているのです。ですから水産に関しては途上国への技術協力を強め，特に途上国の技術協力がまだ不足している国に教えて，再生産を増やし，日本がまた輸入させてもらうとこういうようなことが行なわれることが大事だと思っております。

深海海底と国際機構

　漁業のお話ばかりしているので，もう1つ新しい大事な海洋の秩序というのは何かをお話したいと思います。漁業に関して経済水域を200カイリ沖まで拡大したほか，海底の大陸棚も200カイリまでもしくはそれ以上に拡大し，大陸棚に既存する天然資源の石油やガスも全部沿岸国が取り込み，その意味で国家の権能が海の上部水域と海底に拡大したといえるわけです。沿岸国の管轄権が3カイリもしくは12カイリから200カイリまで，さらに陸地の自然の延長の大陸棚が地質的に伸びている場合には350カイリまで獲れるという規則ができております。技術と経済開発が進むこととによって，沿岸国が一方的に規制する海域が拡大するという，ある意味で国家のエゴイズムがそれ迄はどの国にも開放されていた海というものを取り囲んだということになります。
　しかしながら，もう1つの流れとして大事なことは，国際機構を作って，国際協力によって海を管理しようとする方向がでてきていることです。漁業については，マグロなどについては水域別に地域漁業機関ができています。漁業資源の保存，あるいは合理的な利用というものについて地域的な国際機関ができております。だから200カイリという国家の管轄権を超えたところでは，国際条約，国際機関というものによって，生物資源を保存管理しようとする動きがでているわけです。
　けれどもそれ以上に画期的なことは，深海底を国際資源として国際管理する体制ができたことです。大陸棚までは沿岸国が資源を排他的に獲るという国家の排他的な管轄権がありますが，それから先の深海底は国際化し

たということです。これこそは21世紀に向けての非常に大きな海洋法の変革であります。

　事のはじめは，要するに沿岸から陸地がゆるやかに海底につながり大陸棚というところに延びていてる。大陸棚は陸の地質と同質で石油，石炭，天然ガスなどの鉱脈というものをもっているけれども，これを国際管理するかどうかという話から始まったのです。そのうちに，陸地の延長の大陸棚とは異なる地質の深海海底が4〜5000メートルの海底にあって，地質的には海洋の海底と陸地からの延長である大陸棚の地質とまったく違っているという自然科学的な議論がでてきました。その結果，大陸もしくは島からの延長としての大陸棚を深海海底と切りはなしてみるようになり，大陸棚の資源は沿岸国が独占的に探査開発する権利をもつということになったわけです。

　それに対して，大陸棚の先は深海底であり，これを

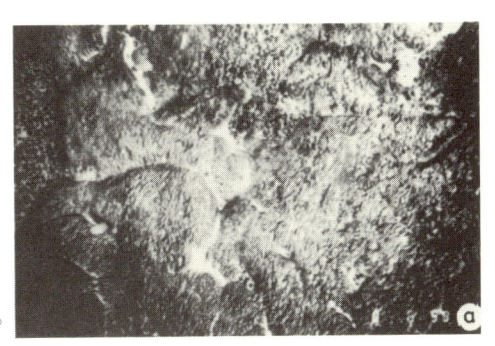

a）コバルトクラストに被覆された海底の岩盤

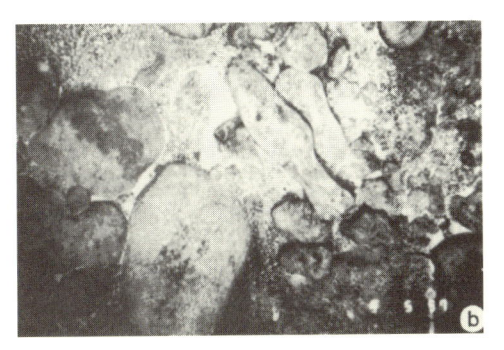

b）コバルトクラストに被覆された大礫，巨礫

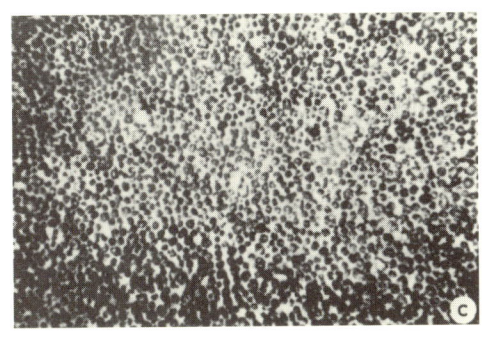

c）ノジュールの密集地帯

Horizonギヨーの海底写真（Hein et al. 1985）
（写真の視野の範囲は2〜3ｍ）

国際的な海底として国家主権を排除して国際機構を作ろうという動きが結実して，その国際海底機構がまさに3年前に発足したわけであります。まだ大陸棚の石油やガス資源しか一般の方々は関心を持たないのは当然であります。深海底の資源の開発というのは21世紀，あるいは22世紀に行なわれるわけですから。しかしなぜこれが大事かというと，陸上の鉱物資源はやがて枯渇する日がくる。しかし，世界の海底の半分以上である深海底には膨大な鉱物資源が眠っています。南太平洋にはマンガン銀座といって，マンガンの宝庫がある。現に日本は通産省の補助金で鉱物資源開発事業団が民間企業との第3セクターの合弁で，南太平洋のマンガン銀座といわれる豊富な鉱脈のところに国際海底機構から鉱区をもらって開発を進めております。

ともかく，地上の鉱物資源がなくなった時には人類は深海底の資源に依存せざるを得ないから，そのために今から何百年，何千年先を考えて，深海底を国際海底としてこれを人類の共同財産，共同遺産とすると国際法の原則を定めた宣言を1970年に国連で採択しました。

では深海底というのは国家との関係ではどうなるのかということですが，1970年の深海海底宣言で，国家の管轄権を超えた海底，すなわち大陸棚の先の海底は，主権は一切認めないとしました。また私企業の所有権も個人の所有権も認めない。国家主権やいかなる所有権も排除するということが国連で法原則として採択され，そして1982年の海洋法条約で詳細に条文化して，条約として採択したわけです。日本はその条約を1996年に承認して加入しています。そこで国家の主権が排除された海底はどう管理するのかということですが，それに関する国際機構も既にできており，その国際海底機構が探査開発について一切専管的に許認可を与えているのです。これは大変な国際社会の革命であります。要するに，今まで地球上で国家主権がないところで国際機関が国家に代わって，国家主権を排除してしかも永遠にそれを管理することができたのが深海海底であり，国際海底機構であります。国連の安全保障理事会よりもっと権限が強い。基本的には領域主権に相当するようなもので，国家しか人類史上有しなかった権限を，国際機関を作ってそれに与えた。国家はもうその国際機関が主権をもつ海底区域に関与しませんから，国際機関が管理してくださいということになったのです。これは今までの歴史のなかでも，国際機構がこれほどの大きな権

限をもったことはないわけで，フランスの条約局長で，今国際司法裁判所に行っている人は，これは海に関する新しい国際連合を作ったのだと言いました。

先進国と途上国の対立

　この国際機構は発足してまだ3年でありまして，今後の深海底の鉱物資源開発が商業的に行なわれるわけで，そうならなければ，世界の人は関心をもちません。学術的な調査はすでに充分になされていますし，そこにどんな資源があるかも大体わかってきています。ただ陸上資源よりもコストが安くなって開発可能とならなければ，商業的に利用できません。もちろん陸上資源がなくなれば開発されますし，あるいは陸上資源がなくならなくても，陸上資源のコストが高くなるか，あるいは量が少なくなってくれば，深海底に注目が集まってきます。

　日本はアメリカやドイツに次いで，深海底の先端開発技術を持っており，これが将来非常に大きな意味を持ってくるのではないかと考えて，住友や三井，三菱などの商社や鉱業会社がアメリカやカナダのニッケルや銅の会社の大手と組み，ECの会社も入って現にコンソーシアムを作っております。当初はそこで，私企業の開発の自由，あるいは市場経済，原則による資本主義経済と国際管理というものが理念的，あるいは法律的に衝突したのです。というのは，国際管理をしても，実際に開発する技術も資本も経営能力も専らもっているのは西側の鉱山会社や商社であります。国際機構はこういうことがなかなかできません。

　途上国は，資本も技術も経営ノウハウも国際機関に先進国から強制的に移転し，機構が一元的に開発する原則を打ち出して，それによって世界の富の再分配を図るということを大変な意気込みを持って主張しました。その背景として，1970年頃，ちょうど第3次海洋法会議が始まり，国連で深海底を人類の共同財産にするという提案が出た頃は，国連のなかにアフリカがほとんど独立して加入してきた時期です。アジア，アフリカ，アラブが団結して，それにもともと独立国だった中南米諸国が連携した。もはや国連の4分の3を占めるこれら途上国グループは，国連の多数決により実権を握ったと息巻いて革新的行動をとる。新しい国際経済に関する権利義

務憲章をつくり，途上国がもっと世界経済における平等性を主張するということになったのです。

そのなかで，深海底開発というのが，途上国のための富の再分配を企てる主張における政治的なシンボルになったわけです。それに対して，アメリカは反発して，本来アメリカの企業が海底4，5千メートルの開発する技術と経営能力やシステムを持っているのであり，国際機構は，単に深海底を管理してライセンスは出すだけであり，先に鉱区を見つけたものがどんどん開発していいのだいう自由開発を主張しました。つまり許可制ではなく登録制にしたいといったのですが，これには西側の先進国は，日本も含めて反対し，国際機関の許可によって開発する制度を主張しました。日本とアメリカの立場は違いまして，日本はアメリカほどまだ技術も進んでいないし，輸入国というものの立場を優先的に配慮した制度を考慮してほしいといいましたが，この案はなかなか通りませんでした。

アメリカは，技術的な能力の水準の高い順から優先的に割り当てようという立場をとり，ソ連は国別に割り当てるべきだと主張しました。途上国は今申し上げたように，各国企業に自由に鉱区を割り当てるのではなく，国際機関で開発を一元管理するだけでなく，開発するエンタプライズを設立してこれに先進国は技術と資本を移転しろと訴えました。結局は海洋法会議ではその2つの立場が妥協して，鉱区を半分にわけて，半分は国際機関が直接開発し，半分は能力のある企業を有する国が申請をして，さまざまな基準に基づいて審査した上で，両方で並行して開発を進めるとういうことで固まったのです。ところがアメリカは大変不満で，海洋法条約にはまだ批准しておりません。日本やECは批准しました。

しかし現在は，国際機関で一元的に私企業を排除して国際エンタプライズが開発を自らやるという規定は実質的には改正されました。私企業を中心に国際機関との合弁で開発をすることになっています。国際機関は合弁企業に対して監督権のみならず，合弁の当事者として開発に参加する形になっています。あまり理想に走っても無理なことが判り，ある程度途上国側も妥協したということです。そういう折衝のなかで新しい制度ができつつあるということが現実であります。

活躍する日本人

　さらに1つ申し上げたいのは，このように大陸棚と深海底の鉱物資源を国家と国際機構が探査開発する上で国際海底の境界線を定めるということが非常に大事になるのです。沿岸国は石油，天然ガスの地質鉱脈があれば，採りたいだけ採りたいと考えている。それに対して，深海底の国際機構はできるだけ国際機構の範囲を広くしたいという立場です。それで今大陸棚の限界を画定する委員会というのを発足させて，世界の15人の最高の専門家が今後，大陸棚と深海底の境界を最終的に各沿岸国と協議して決めるわけです。

　実はこの重要な大陸棚の海洋地質の限界画定委員会の委員としてICUの理学科の卒業生が選出されています。私が外務省の海洋法本部副本部長であった頃，やがて大陸棚の境界を確定する際に日本は中国や韓国，ロシアと種々と交渉をやらなくてはいけなくなるということが言われ始めました。しかも大陸棚の境界確定というのはものすごい技術と知識とデータ分析がいるので，今から専門家を養成しなくてはいけないということで，東大の大学院で候補を探していたら，その方と出会ったのです。その方はICUの理学科をでて，東大の海洋地質の博士をとってそれからどうしようかと考えていたのですが，彼はとても優秀で，語学もできるということでしたので，私は人事課長を口説いたのです。その結果，人事院の承認を得て無試験でその人を外交官試験の上級職待遇ということで採用したのです。実は外交官試験を受けないではじめから上級職として採用したというのは，外務省の歴史のなかでもそれほど多くないのです。特別に，海洋法において大陸棚と深海底の境界線を定めることは国際的に大事だからと説得し，その方を採用したわけです。いまや彼は世界のトップに立っています。21世紀には有名になるそのICUの卒業生の名前は羽室さんという方です。今日そういう方のお話をするのも何かの縁かと思います。

陸上汚染と海洋環境

　なお5分いただいて，最後の締めくくりをしたいと思います。私は主と

して資源のお話をしましたが，しかし，海洋環境保全という観点が新しい海洋法条約では重要な目玉の1つになってきています。海洋環境を破壊するのはどういうところが元凶なのかというと，何よりも陸上汚染源であります。

要するに生活廃棄物，産業廃棄物，あるいは河川を通して農薬や肥料というものが海に流れ込むわけで，海の汚染の大部分は陸上から流れ込んだ汚染なのです。だから主権国家が陸上からの廃棄物を海に捨てることを自制しなければ海はきれいにならない。それと同時にタンカーの事故というものが世界各地で起こっていて，海の汚染を起こしております。タンカーの大規模な事故が海洋の環境を破壊する場合には，そのタンカーを撃沈することも法的に正当化される程です。そういう意味で，海の環境保全ということは資源の保全という問題にもなるわけで，海の環境が綺麗になれば，海洋の生物資源は安全になり，生産性が回復する。それが非常に大事なのです。

鯨とニュージーランド

経済水域200カイリは海洋汚染防止のために通航を規制する権限を初めて沿岸国に与えました。それから，捕鯨というものが，海洋の環境保護のシンボルみたいになってしまったことは不幸なことであろうと思うのです。魚と鯨しか食べられないで大学卒業するまで肉なんか食べない人間が日本には多かった。それでニュージーランドに参りましたがニュージーランドはグリーンピースの国であります。ニュージーランド政府よりもグリーンピースのほうが世論に広く訴える力が強い。

たとえば，非核三原則の問題が例です。ニュージーランドは核兵器搭載，あるいは原子力推進の船は入れないという法律を作った。それでアメリカは怒って軍事協力を全部やめた。ニュージーランドの海軍の記念日に，アメリカもイギリスも海軍の軍艦を祝日参加させてこないのに対して私は驚いた。こんなにイギリスやアメリカはニュージーランドに対して怒っているのかと思いました。そこでわかったのは，私の居た当時のニュージーランド政府は議会が始まって以来の大勝を博して多数の議席を制していたにもかかわらず，その政府は少なくとも原子力推進船は入港を認めるように

非核法を改正してアメリカの怒りはおさめたいと考えていたのですができなかった。ブッシュ大統領はオーストラリアまで来ても，ニュージーランドには来ない。それくらいアメリカは怒っているのです。ニュージーランド政府が議会でマジョリティーをもっていても，改正できないのです。一度非核法を作ったら，世論が許さない。世論を支配しているのはグリーンピースです。だからニュージーランド政府は議会と政府以上にグリーンピースが支配する国だと日本政府に報告した。

そういう国ですから，捕鯨というとデモ隊がくるのです。ニュージーランドに行ってみてわかったのは，ニュージーランド沖は実は一番豊かな鯨の捕鯨漁場であった。オーストラリアは18世紀から19世紀に，ゴールドラッシュで金を開発した。ニュージーランドも砂金がとれるからオーストラリア人がきた。ところがオーストラリアからきた人は，金よりも鯨が豊かということで，鯨をたくさん獲った。鯨の鯨油は最高の燈油燃料である。いわばウランみたいな価値があったわけです。それで鯨を獲り尽くした。ニュージーランドに行くと，羊が6千万頭いて，人口の20倍もいる。ニュージーランド人は，日本は鯨を食べないで羊をもっと輸入してくれればいいのだという。たしかにニュージーランドの羊は世界で一番美味しい。ニュージーランドは自分たちが捕鯨をして，獲り尽くした。それで羊はいくらでも再生産されて国中にあり余っている。そういう国だと，鯨は自分たちが絶滅させたのに羊だけはいくらでも再生産できるために，なぜ日本は羊を食べないで鯨を無理に食べようとするのだと思うのです。やっぱり国民性，歴史や経済背景の違い，それは食文化の違いともいえる側面がある。

竹島と尖閣列島

最後に200カイリで中国や韓国と問題になっているのは竹島と尖閣列島なのです。海洋法の新秩序が国際紛争を招いているともいえます。なぜ韓国があれだけ竹島に固執するかということは，単に日本が取ったものだという国民感情だけでなく，その周辺に200カイリの広大な経済水域を設定して排他的に漁業をする権利が伴っているからなのです。旧来の海洋法は島が領海を有することを認めていたのですが，新海洋法は小さい島も経済水域200カイリ有することを認めた。

図 日韓大陸棚協定の締結

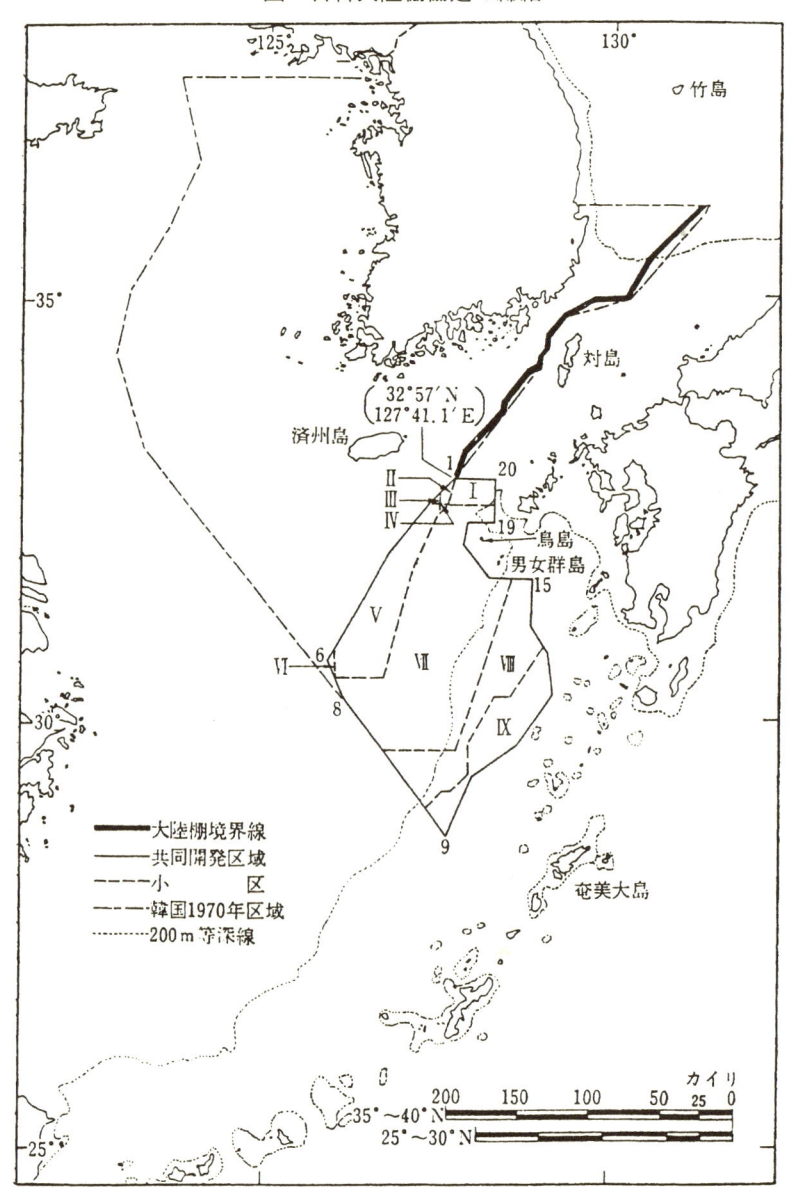

尖閣列島も中国や台湾が問題にし始めた理由は，その周囲の大陸棚に豊富に石油資源が埋蔵されているとのエカフェ報告が出たのがきっかけです。旧来の海洋法でも大陸棚の水深200メートルの浅海域の海底迄は小島にも大陸棚を認めていた。しかし200カイリ迄の広い大陸棚を小さい島まで与えられると，当然に尖閣諸島に対する中国の関心が昂まるわけです。無人の岩は経済水域や大陸棚はもっていないといっても，竹島のように韓国が人工的に港や兵舎を作って有人の島にしてしまう。このように小島といえども人が何とか住めるか経済生活を営むことができると主張して，従来は人が維持して住みついていなくても，200カイリにわたって広い経済水域や大陸棚を認めるという妙な制度が新海洋法条約により確立した。

　これはさかのぼれば1958年の大陸棚条約で大陸棚は小島といえどももつことができるという法制度が確立したからで，当時は島国に有利になったと考えられた。200カイリの経済水域と大陸棚の無人の島にも理屈をつけて認めさせようと必死になる。それで新海洋法は島をめぐる国際対立を激化する側面があることに注意しなければなりません。

　結局，各国とも大陸棚の重要性からゆずるわけにはいかない。新しい海洋法秩序によって島が広大な経済水域や陸棚をもつことを大陸国と島国との間で法的に平等の権利を当然なこととして与えたのはよいが，かえって紛争の火種が大きくなってしまったのです。

　現在，漁業については日韓と日中両国では妥協ができています。共同操業の水域もありますし，相互に200カイリの相手水域内に乗り入れている。魚は国境を知らないから，これが自然でしょう。問題は大陸棚の石油や天然ガスで日韓の間では暫定的に南部水域では共同開発，北部水域では中間線で大陸棚の条約を30年前に作りました。しかし南部水域の海底で中間線の日本側の海底に韓国企業の採掘権を認めたために，私は経団連の会長である石油会社の社長の方に「売国奴」といわれました。日韓大陸棚条約を国会で強行採決した時も，社会党の方々に批判されました。日中間でも非公式な話し合いがあり，私も1979年に北京でこの問題を非公式に意見交換するために出張しましたが，その内容は残念ながら申せません。

（10月2日講演）

新しい海洋法秩序の形成　101

2020年の世界経済のシナリオ
―グローバル化時代の日本の選択―

谷口　誠 国際基督教大学客員教授，前OECD事務次長

ニューヨーク証券取引所

はじめに

ただ今ご紹介にあずかりました谷口です。今，功刀先生そして，斎藤副学長から紹介がありましたが，私は，そんなにいいことばかりしてきたわけではなくて，かなり勝手なことをやらせてもらいました。日本政府とはなかなかのもので，私のようなfree thinkerでも外務省に30年以上務めさせていただいて，国際機関でも，辛い面もありましたが非常に楽しい外国生活を25年間くらい続けさせていただきました。したがって，そのようなことから，私はどうしても，外から日本をみてしまうのですが―いささか，浦島太郎的な傾向がありますけれども―わりあい日本の特徴というものが，自分がその時々住んでいる国と比べて良くわかるわけです。そういう意味で，日本の生活に慣れますと，何も不思議でなくなってしまいますから，なるべくまだ私の印象がフレッシュなうちに皆様に語り部のように伝えていかなくてはいけないと思っております。特にグローバル化時代では外から見た場合，日本の良い特徴がさまざまな点でかえって悪くなっていることがあります。これは，たとえばOECD（経済協力開発機構）のような先進国のグループで世界経済の動向を今後どうなっていくかと見る場合に，日本は明らかに他の先進国，アメリカやヨーロッパとも比べて特殊な面，異質性があるわけです。これが，ユニークといわれるわけですが，ユニークとは良い面と悪い面とがありまして，日本のことを嫌な人は悪い面と捉え，日本が好きな人は良い面と捉える傾向があるのです。

2020年の世界経済

そのような中で，私は，2020年，今から20年後の世界経済はどうなっているのか，特に日本の将来はどうなるかということに関心があったわけです。それについてOECDにおります最後の数年間をかけて，大変な苦労をして「2020年の世界，新しいグローバル時代に向けて」という本を作りました。ところが，この本を出す時に，まず反対したのがアメリカでした。グローバリゼーションについてOECDがいろいろなところでやりだすと，グローバリゼーションについて批判がでるかもしれないから，そのような

危険な研究はさせない，お金は一切出さないと。この時にお金を出してくれたのは日本政府であり，他にも2，3ヵ国出資してくれました。

私は，先般『世界』の8月号（1999年）に「国際機関における大国の横暴」という論文を書きましたが，国際機関を牛耳っているのは，英国でもフランスでも，また日本でもドイツでもなくて，残念ながら今のところはさまざまなストラテジーを作って世界を動かしている大国アメリカなのです。それに対するカウンター・パワー（対抗力）がないというのが，私が国際機関で，国連を含め，それからOECDで7年間半，ナンバー2として勤めてきた経験の中で感じてきたことなのです。アメリカが反対すると，英国も残念ながら反対する。かつて私が学んだ頃の英国はもっと独自性があったと思いますが，アングロサクソンの歴史の中では，やはり共通性があって，そういう問題の時には必ず，アメリカ，英国というのは同調していく傾向があります。アメリカが1985年に，ユネスコを脱退した時には，英国も脱退しました。最近，英国はブレアー政権になって，ユネスコにカムバックしましたが，私は，これはブレアー政権が採った1つのすばらしい政策だったと思います。いずれにしても，そのような状態で，この本が難産の末でき上がったわけですが，実はそれがOECDの最近のベストセラーになっています。1999年の1月に日本語訳が東洋経済新報社より出版されておりますので，皆さんもご覧になることができます。

簡単に結論から申し上げますと，2020年の世界というものは誰も予測できないのであります。OECDは世界でトップ・レベルのマクロ・エコノミストを集めているとことを自慢するわけですが，そのOECDでも予測できないのです。最近の経済学というのは，とにかくモデルを使い，数学を使い精緻なサイエンスとして発展してきたということにエコノミストは自信を持っておりますが，私はそれをあまり信用しないで，その連中に2020年の予測をやらせてみたわけです。結局，大変なお金を使って世界のトップ・レベルの予測の専門家たちが，経済学のアドバンスド・テクノロジーを使ってやったわけですが誰も予測できないのです。

結果をみますと，誰が見ても信用できないようなとんでもない結果が出てくるわけです。そこで，私はやはり，シナリオで考えるべきではないかと思ったのです。たとえば，世界経済が政治的にも経済的にも順調に進んだ場合，世界経済はどうなるでしょうか。それが，逆にまずくいった場合

はどうなるか。1つのシナリオで考えるわけです。OECDは，経済が自由化されれば世界経済は非常にうまくいくという信念をもっておりますが，貿易の自由化，資本取引の自由化，すべての自由化を進めた場合に，世界経済がどのような発展をするのか。そのようなシナリオを前提にしてやったわけであります。私がイギリスで勉強した頃は未だケインズ経済学が世界の経済学の主流でした。ケインズは30年後には自分は存在しないから，そんな将来のことには関心がないと言っていたわけですが，みなさんはこれからも元気で，まだ2020年には生きていたいと思うでしょう。ですから，やはり世界経済を考える国際機関であるOECD，国連，IMF，世界銀行などは，政策を立てる場合には1，2年という短期の政策ではなくて，2020年の世界がどう変わっていくかということをみなければ，本当は良い政策が採れないわけです。現在の国際機関というのは，本当にショート・タームの，今年，来年はどうなるかということだけで精一杯なんです。私は，このような短期的な予測だけではいけないと思って長期的な未来への展望を試みた次第です。

　これを通して私は非常にいい勉強をしたと思います。私は，必ずしもOECDの政策に従っているわけではないのですが，みなさんが想像する以上に2020年の世界は大きく変わると思います。1975年にもOECDは未来学のようなことをやりました。大来佐武郎氏（元外務大臣，エコノミスト）が中心になって，1975年から見て25年後の2000年にはどうなるかという研究が行なわれ，それは「インター・フューチャーズ」というOECDの出版物となることを予定して編集されましたが，アメリカが反対して実際にはOECDの正式出版物にはなりませんでした。70年代の5年間という年月と膨大なお金—これにも日本政府がお金を出したのですが—も使いましたが，残念でした。ただ，これはデータとして日本語でも出版されております。この研究は大体において2000年の世界経済を正しく予想していたのですが，一番予測できなかったのは科学技術の進歩です。75年当時では，情報産業とか，インターネットを通じたインターナショナル・コミュニケーション，テクノロジーがこれだけ進むとは思っていませんでした。

グローバリゼーションの進化―冷戦構造の終結

　現在，グローバリゼーションがさかんに問題となっておりますが，これを促進する1つの大きな政治的要素になったのは冷戦構造の終結でした。ベルリンの壁が1989年に崩れてから，かつての共産圏も完全に資本主義経済体制の中に組み込まれ，かつてのソ連がOECDに加盟を申請するような事態になっています。

　OECDはそもそもヨーロッパ中心の国際機関で，いわゆるNATOの経済版だったのです。ヨーロッパの経済復興をアメリカがマーシャル・プランで援助して，東ヨーロッパの共産主義レジームから西ヨーロッパを守るためにできたのがOEEC（欧州経済協力機構）であり，その後を引き継いだのがOECDです。かつてのソ連，それから東欧圏はOECDにとって経済的な敵だったのです。その東欧圏であったハンガリー，ポーランド，チェコもOECDに加盟して正式メンバーになりました。ロシアがOECDに正式加盟申請をしているということは，もうOECDはかつてのOECDではなくなっているということなのです。

グローバリゼーションの下での世界経済発展のシナリオ

　そこで，グローバリゼーションの下で世界経済が大きく変化する中で，OECD経済がどのように生き延びていくかということを考えるときに，2020年の世界経済がどうなるのかということが非常に重要だったわけです。ただ，世界経済の未来は正確には予測できないわけで，高い成長と低い成長との2つのシナリオを想定していくのが最も現実的だと考えられますが，前述の「インター・フューチャーズ」の場合と同様，一番わからないのは，科学技術の進歩だったのです。科学技術は，同じペースで進歩するわけではなくて，非常に予測しづらいものです。今日，コンピューターライゼーション，インターネットによる情報産業がどんどん進んでおりますが，これが次の段階でどの程度飛躍的な発展をするのかということはなかなか予測できないのです。経済予測をやる場合に，比較的予測しやすいものもあり，人口などはその1つです。国連のUNFPA（人口基金）で数年に1回

人口予測をやっておりますけれども，人口が非常に高い成長率で伸びた場合の人口，低い場合，それから中間，という具合に予測して，それも数年ごとに改訂を繰り返しております。しかし，科学技術の進歩と環境問題がどうなるかということが，経済予測をする我々にとって一番の障害になったのです。どんなに頭脳明晰なエコノミストもなかなかそこまで予測できないのです。

　それでもまず，予測ではなくシナリオによって世界経済発展の見通しをしたところ明らかになった点は，現在の先進国，OECD先進国の成長率は，これから世界経済がどんなに飛躍的に伸びたとしても（高い成長のシナリオ），毎年，2020年に向かって平均成長率2.8％でいけば，もう大成功ということです。おそらくどんなに良い条件でも2.8％はいかないと思います。悪くなれば（低い成長のシナリオ）2.0％を下回ってしまう。それに反して今の中国，インド，インドネシア，ブラジル，ロシアはまだ問題を抱えておりますけれども，人口の大きい5大国，ビッグ5といっておりますが，これらの国は，政治的にさまざまな問題があったとしてもおそらく5～6％以上の成長率で伸びていくと予測されています。OECDでは中国の成長率を8％などと予測しているのです。なかなか8％はいかないと思いますが，それでも伸びていくことは明らかです。一番大きな問題は，開発途上国の方が人口に伸びがみられるということです。先進国はおしなべて人口の成長率が徐々に落ちてまいります。OECDに日本が入ったのは1964年のオリンピックの年で，一番遅れて先進国の仲間入りをしたわけです。その日本がOECD先進国の中で人口の減少が一番早いとはなかなか予想しえなかったのですが，データによりますと，OECDメンバー国の中で一番早く，人口が減少し，老齢化していくということなのです。これは，とても信じられなかったわけですけれども，明らかにデータとしては出ています。

　いずれヨーロッパも2010年頃から人口が減ってまいりますが，下がる率は日本の方が早いのです。先進国の中では，アメリカが一番若くてダイナミックなんです。移民とか外国の労働者を受け入れているということも影響していると思います。人口が減少すると資本の蓄積率も減って，成長率は落ちてきます。OECDは，2020年に向かっての日本の年平均成長率を2.8％と高く見積もっておりますけれども，2.8％はとても無理ですが，2.0％程度で伸びれば現在のGDPが大きいのですから別に困ることはない

と思うのです。ですから，経済大国になるとか経済の規模を大きくするという野望は，むしろ中国とか人口大国に任せたほうがいいのです。逆立ちしてもかなわないのですから。

　ただ，OECDの先進国が世界経済のGDPの中で占める割合は，1995年で61％なのですが，2020年になると38％に落ちてしまうのです。一方，OECD外のいわゆる開発途上国，中国，インド，それから，旧共産圏であるロシアも含めたGDPの総合計は95年では39％だったのが，逆転して2020年には62％になる。経済の大きさでは，どうしても開発途上国の方が今のOECD先進国の経済よりも大きくなるのです。これは，残念ながら経済の自然の成り行きです。人口が減る先進国は，資本蓄積率も徐々に減ってくる。ただ，そのような経済にもっていっているのは先進国そのものなのです。別に開発途上国が好んでそのような体制にもっていたわけではなくて，先進国の経済，今のマーケット・システムの中で，外国に投資して，安い賃金で生産物を作っていくという仕組みが，先進国と開発途上国との立場の逆転を起こしているのです。これは先進国にとっては悲劇なのです。結局，自分で自分の首をしめることになるわけで，世界経済がハイ・グロースでいけば行くほど，今のグローバリゼーションの下で利益を得るのは，開発途上国の中でも外国資本，先進国から資本・技術を受け入れ，それによって貿易を伸ばしてくる国なんです。

　日本経済についていえば，私が2年ほど前に帰国したときは，産業の空洞化ということでみんな騒いで，空洞化を何とか防がなくてはいけないといっておりましたが，空洞化は今のグローバリゼーションの下では当然起こってくることなのです。空洞化を起こしているのは，アメリカ，日本，ヨーロッパの大企業なのです。大企業はグローバリゼーションの競争に勝つために，自分たちのもっている資本・技術を開発途上国の中で労働の質の良いところ，日本からみれば東南アジアに移転して，そこで生産された製品を輸入するわけです。これが，今のグローバリゼーションの下で起こっていることです。それによって潤うのが開発途上国なのですが，しかしそれはすべての開発途上国が対象となっているわけではありません。アフリカなどの国には外国資本はほとんど行かないし，技術も行かない。そういう国は見捨てられるのです。今，注目を浴びているのは中国，インドで，それからインドネシアはアジア経済危機で混乱に陥っておりましたけれど

も，回復すれば十分立派なマーケットになります。そのような意味で先進国の首をしめているのは，利益を得ようとする企業なのです。いわゆる，多国籍企業は今そうしなければ生きていけない。そのような経済体制なのです。そのようにみますと，どう見ても，20年後には世界経済は大きく変化してエコノミック・パワーは人口大国である中国，インド，インドネシア，ブラジルなど，ロシアはまだ混迷を来たしておりますけれども，そのような国に移っていくと思っています。これはもう避けがたいことなのです。OECDはけしからん調査をやったといわれるかもしれませんが，経済学のいわゆる世界トップ・レベルのエコノミストを集めて分析した結果がそうなるのです。

新世代の諸国の登場と先進国の今後のあり方
―中国をはじめとする新世代諸国

2020年には，世界のGDP総計（購買力平価による）の約20％は中国が占め，アメリカは現在の20％レベルから13％くらいに落ちてしまう。日本は約8～9％を占めており，現在の中国と同じ位なのですが，2020年の日本の占有率は5％台に落ちていくといわれています。しかし，悲観することはないのです。1人当たりの国民所得，国民の1人当たりの豊かさでみますと，中国がどんなに伸びて，世界の5分1のGDPを占める国になったとしても，人口が大きいですから1人あたりの値では，はるかに下なのです。日本はうまくやりますと，計算上は2020年には4万1千ドル，アメリカの約4万ドルよりもやや上ぐらいのところにもっていけるかもしれません。これから日本は大体2％レベルで伸びていくためにさまざまな問題を克服していかなければならないのですが，決して悲観することはないと思います。

スウェーデン，スイスなどの国は，1人当たりの国民所得では，おそらく高い水準にいくだろうとは思いますが，日本もそのレベルには達しうると思います。今日においては，アメリカ，カナダ，それからアジアからは日本，ヨーロッパからは英国，フランス，ドイツ，イタリア，あと，ロシアを加えたG8といわれる国々が世界政治・経済で中心になっているわけです。しかし，2020年に中国，インド，ブラジル，インドネシアという人

口大国が大きくなってまいりますと,今のG7,G8というグループが世界政治・経済で中心的な役割を果しているかは疑問だと思います。2020年には,エコノミック・パワーが明らかにシフトしてきます。しかし,その中で依然として,1人当たりの生活レベルや,科学技術の水準というのはまだ先進国の方が優位なのです。この点,開発途上国は20年経っても簡単にキャッチ・アップできるものではないと思います。GNPや経済の大きさではキャッチ・アップできても,教育水準,技術水準というのは,そう一驚にキャッチ・アップはできない。これは日本の経験からもそうだと思います。これから先進国が生きていく道は,技術革新により個人がいかに豊かになっていくかというところに重点が変わってこざるを得なくなるのではないかと思います。

今後の日本経済の課題
―製造業からサービス業へのシフト

今,日本で問題になっておりますことはいろいろありますが,そのなかでも次の3,4点に絞りたいと思います。やはり,OECDからみて,日本経済の異質な点が幾つかあります。その異質性は,決して悪い点ばかりではないのですが,たとえば日本の産業が未だに物作り,製造業を中心としている点です。鉄鋼,造船,自動車産業などが戦後の日本を支えてきた基幹産業であるわけです。僕らの学生時代は,鉄鋼業,造船業などに就職すれば一生安泰だと思っていたわけですが,今,鉄鋼生産では中国が第1位です。未だに日本の鉄鋼業は,アメリカに輸出したりして頑張っていますが,OECDからみれば,なぜ,日本のように資源のない,エネルギーもない労働コストの高い国が製造業,製造業といって頑張っているのか不思議なわけです。

OECD諸国の大半は,いわゆる伝統的な製造業を離れてサービス業の方へ移っているわけです。この表には繊維,鉄鋼,エレクトロニクス,自動車と4つの製造業セクターがありますが,1975年から93年までの18年間でみても,G7のほとんどの国が各セクターで雇用を減らしているわけです(表1参照)。繊維は,日本も含めて,雇用を減らさざるを得ない,いわゆるリストラですね。日本も鉄鋼業で減らしたわけですけれども,日本の減

表1

① textiles, apparel, leather	
G7すべて	－（マイナス）

② iron & steel	
G7すべて	－（マイナス）
日本	－ 6.1%
フランス	－43.4%
米国	－50.2%
UK	－67.7%

③ electronics／electrical	
日本	＋63.2%
米国	＋16.0%
ドイツ	＋ 6.1%
カナダ	＋ 4.7%
フランス	－13.8%
イタリア	－20.6%
UK	－30.0%

④ motor vehicles	
ドイツ	＋44.0%
日本	＋41.0%
カナダ	＋30.4%
米国	＋ 7.4%
フランス	－26.4%
イタリア	－39.0%
UK	－47.6%

⑤ total manufacturing	
カナダ	－ 0.1%
フランス	－26.2%
ドイツ	－ 1.4%
イタリア	－18.3%
日本	＋ 9.9%
UK	－36.1%
米国	－ 0.6%

らし方はわずか，6.1%です。英国などは，かって大企業であったBritish Steelでさえも70%近く減らしまして，今ではもっと減らしているわけです。アメリカも約半分くらい減らしております。日本だけがわずかの減少で止まらせています。エレクトロニクスですら英国，イタリア，フランスは雇用を減らしてきたのです。もう開発途上国に勝てないし，日本，ドイツに勝てないということなんでしょう。英国においては，製造業というのはイギリス国籍の製造業ではないわけです。ほとんど外国企業で，いわゆるウィンブルドン方式という，ウィンブルドンテニスで英国人がまったく勝てず外国人選手がイギリスに来て勝っているのと同様の現象が起こっているのです。イギリスの企業はほとんど外国系の企業で，これがデータとして明らかに出てくるわけです。自動車産業においても雇用を増やしたのがドイツ，日本，カナダで，アメリカもわずかに増やしました。英国，イタリア，フランスはすべてマイナス。英国などは約半分雇用を減らしました。製造業全部をトータルしますと，わずか日本だけが，過去十何年間で雇用を増やしてきたのです。しかも10%も増やしている。やはり日本に帰ってきますと，政治家も企業も製造業中心に考えているのです。

　合理的にみて，日本のように技術が高く，人口もだんだん減ってくる資

源のない国は，タンカーを100隻造るために鉄鉱石を輸入し，エネルギーを輸入して，公害を起こし，100億ドル儲けるよりも，お金を儲けようと思えばサービス・セクターで十分実現できるのです。頭を使えば，航空機3機ほどで輸送できるような，ハイ・テクノロジーを使ったパーツによって100億ドルくらい儲けることができるだけの分野が今どんどん進んできているのです。なぜ，日本は未だに製造業に固執しているのか。ドイツも日本ほどではないですが，未だに製造業といっているわけで，製造業に依存しているのはドイツと日本だけです。戦後，敗戦国から復興に成功した2つの国が他のOECD先進国からみてこのようなユニークな異質性をもっているのは，製造業により立ち直ったという歴史がまだ尾を引いているからなのです。

　事実，最近のOECDのスタディーでは，OECD先進国の企業はサービス・セクターの開発・研究に全部の開発研究費の15％をつかっているのに対して，日本はわずか4％しかサービス・セクターに投下しておらず，いわゆる製造業の部分にまだお金をつかっているのです。ハイ・テクノロジーのソフトの部分とか，情報産業とか新しく出てくるサービス・セクターにはわずか4％，ドイツもこの点では同様に少ないのです。したがって，やはりドイツと日本は，OECD先進国のグローバリゼーションの中での流れの中では特異な体質をもっているわけです。これが，ドイツと日本の将来にとってどのような影響を与えるのかということを我々は考えていかなければならないと思います。

サービス業へのシフトにともなう失業問題

　製造業の問題も大変大きな問題ではありますが，全体の流れはもうサービス・セクターに移っているのです。サービスのほうが利益率は高いし，これから新しく雇用を増やそうと思うセクターは，どうしてもサービス部門になる。ただ，大きな問題は，サービス・セクターというのは，high skilled labor，高い技術をもった人たちが雇用を見出しやすいわけで，low skillの労働はそう簡単にサービス・セクターに移れないという性格をもっていることです。したがって，あまり雇用を必要としないわけです。ヨーロッパの失業問題の核心はまさにここにあるわけで，ヨーロッパの産業も

どんどんハイテク・セクターに変わりつつありますが，そこでは，low skill の技術しかもっていない労働者は，失業か，きわめて低い賃金を受けざるを得ないという問題が出ています。この産業構造の変化，いわゆる OECD が言っております産業の高度化がリストラにつながっているのです。

しかし，このように高度のセクターに変わっていくのが先進国の運命なのです。というのは，開発途上国がどんどん追い上げてきますが，追い上げさせているのは先進国の企業であり，競争に勝つために自分たちの技術と資本を開発途上国に移転していかなければならない。そこからの優秀で安い製品によって先進国の雇用は失われてくる。そのような連鎖が不可避に出てくるわけです。先進国が産業構造を高度化すればするほど，いろんなサービス・セクターが産まれてくるでしょう。そこで仕事は出てくるのですが，その数は伝統的製造業で失われた雇用よりもはるかに少なくなるのです。アメリカのようなダイナミックな社会ですら新しく出てくる雇用は，すべての人に行き渡るものではなく失業の問題が出てくる。このような産業の空洞化という事象は日本にも起こっていることなのです。

日本でも，私が帰国した2年前は，産業は空洞化させるべきではないといわれながら，そう言っている企業自身が競争に勝つためには，たとえば半導体の部品でも，日本で作るよりもフィリピンで作れば10分の1で済むわけですから，どうしても開発途上国で優秀な技術があり，優秀な労働力があるところに生産拠点を移転せざるを得ない。私が関係している民間企業でも，やはり，磁気ヘッドという半導体のパーツがあり，それをフィリピンで生産するために，フィリピンで2万人くらいの若い労働者，特に目の良い女性を雇用していますが，ソニー，富士通，NEC，IBMも同じようなことをやっています。そうなると当然，産業の空洞化は世界的に起こるわけで，これはグローバリゼーションの避けて通れない宿命なのです。それによって開発途上国は潤ってくる。しかし，彼らの賃金がだんだん上がってくると，フィリピン全体の平均賃金が高くなる。したがって，さらにインドネシアやベトナムなど別のところに移っていく。そのような形で開発途上国はだんだん潤い，先進国は失業問題を抱えてくることになるのです。

これは，これから先進国が抱える大きな問題です。雇用問題というのは，先進国の将来にとって解決できない難題なのではないかと，この問題に関

して私は非常に暗い見方しかできないのです。今まで日本の終身雇用制度――これは慣習ですけれども――はOECDでも非常に評価されていました。それが最近のリストラで，かつては終身雇用を守ると言っていた大企業が解雇という手段をとらざるを得なくなっているわけです。この点，頑張っているのがトヨタの奥田会長ぐらいでして，彼の意見は今の産業界の中ではマイノリティーになっているわけです。アメリカのムーディーズは，日本の企業の格付けをするときに，リストラをやらない会社については格付けを下げる。雇用解雇について，OECDの言っております労働市場の流動性というのはマーケットの基本原則で，情けも涙もない冷たいやり方なのです。人間も物と同じで，需要と供給で決まってくる。労働者が余っていれば，労働賃金は当然下げるべきでマーケットの原理に従ってやるならば当たり前のことではないかとの理屈です。ムーディーズが失業者を出さないような企業は格付けを下げると，日本の企業もアメリカのファッションに弱いですからその方向に流れてくるのです。

　私は，日本の一番の大きな問題は，何でもファッションにしてしまうことだと思うのです。かつては，日本の終身雇用の習慣というのはアメリカにだって大変な評価を受けたわけです。OECDもその方が会社の安定，労働の質の維持，いろんな面で有利な点があると今まで言っていました。それがいつのまにか崩れてくる。最近，私は非常に勇気づけられる情報を新聞で読んだのですが，それはアメリカのGMが終身雇用を保障するとの約束を労働組合と交わし，10年以上勤める人は終身雇用を守ると発表したものでした。GMがこのような政策をとった場合，日本がどう動くかと考えさせられました。アメリカ，しかもGMがやれば，雇用政策でかつての日本のやり方は必ずしも悪くなかったとなるのではないでしょうか。アメリカの文化と日本の文化はまったく違います。アメリカはある程度，使い捨ての文化です。私も，OECDにいた同僚が次長を辞めさせられる時に可哀想だなと思い慰めの言葉をかけてあげようと思っていたら，「いやいや，我々はそういう生活に慣れていて，むしろ同じ所に長くいるのが不思議なくらいだからこれでいいのです」と，決してへこたれていないのです。しかし，日本はそうではありません。アメリカの社会ほど柔軟性はない。アメリカ人はとにかく逞しいです。日本は急に解雇されたら，自殺するなどと騒ぐ人がいますが，アメリカ人はそういう面で社会がもっとダイナミッ

クだと思います。そのような意味で、雇用問題では、日本も今のグローバル化の中で、なにも1つのファッションに流れる必要はなくて、雇用は守っていくという独自の流れを作ってもよいわけです。これは、やはり日本の企業にとっても、日本の社会の安定性からいっても大きな問題になってくると思います。

　キッシンジャー元大統領補佐官が言い出して、アメリカ式の新しい方法を採用してOECDにできたIEA、国際エネルギー機関というのがあります。これは70年代のオイルショックの時に、OPEC（石油輸出国機構）に対してOECD先進国が対抗するために創った機関ですが、そこの職員は5年間以上の期間勤めてはいけないことになっていまして、5年間経てば例外なく首になり、それで新しい人を雇うという人事システムの中で働いています。しかし、このように5年間という任期でやりますと、2年か3年近く経つと、あとの2年間でOECDの本部に移ろうとか、みんな就職探しでそわそわしてしまい、IEAのために尽くそうなんて人はいなくなるわけで、どこかいいところがあれば移りたいと、うるさいくらい動き回るわけです。よって、後半の2年はほとんど仕事にならない。このような弊害があるわけです。アメリカの社会ならよいのかもしれませんが、日本の社会ではそれは決して良いことではなくて、GMですら終身雇用を採用したのですから、日本も、もう少し日本のもっていた良い点を主張してもよいと思うのです。

　今、言われているグローバル・スタンダードというのは、ほとんどワシントンから出てきています。しかもこれは財務省とかワシントンのごく一部から出てきているものです。先ほどのOECDの同僚の次長も財務省出身の人間でしたが、彼らが政策を作るときは、アメリカだけではなくて、日本、アジアも含め、ヨーロッパ全部、世界中にわたるグローバル・スタンダードを我々が出しているのだと考えていたそうです。しかし日本、アジア、あるいはヨーロッパのスタンダードはいったいどこで活きているのでしょうか。雇用の問題とは、ヨーロッパにとっても大変大きな問題で、失業率が10％以上になっています。日本もそのうちOECDの平均失業率に近づくと思います。こうなると、日本の今まで安定していた社会はどうなるのでしょうか。

新しい雇用政策

　私はヨーロッパにも7年半おりましたが、失業対策がヨーロッパにとって最大の課題であり、OECDも雇用問題を重点的に取り上げました。OECDは「労働市場の流動化」により失業率を下げる政策を提案しました。これは、最低賃金制の撤廃を意味しますが、フランスは社会党政権ですから、賃金は下げたくないのですが雇用は守りたいとして非常に強い政策を立てております。そのために出てきたのが、労働時間を週35時間に短縮し、それによってなるべくワーク・シェアリングというような形にもっていくという政策でした。とにかくそうやって雇用を維持する方向にもっていきたい。おそらく日本も、雇用において徐々にそのような傾向が増えてくると思います。フランスの元首相が日本に来たときのことですが、フランス大使の公邸でディナーがあって私も参加させていただきました。その席で日本のある元閣僚が、「フランス人は怠け者だ。我々は1日24時間働いているのにフランス人は週に35時間しか働かない」と言ったのですが、フランス人にとっては、なるべく労働時間を短縮することによってワーク・シェアリングの方向にもっていきたいという政策があるわけです。これには、失業者を出すよりも、能率が下がるかもしれないけれども、ワーク・シェアリングである程度、雇用を保っていくという政策上の意図があるのです。やはり社会の中で、失業者や能力がなくて安い賃金しか受けられない人も、ともに生きていかなければ、ヨーロッパのような社会では、社会的安定が保てないということが大きな問題になってきているのです。おそらく日本の企業も、今までのような賃金の平準化、あるいは能力・業績に左右されずに同じように年功序列制で賃金を払っていくということでは、今後のメガ・コンペティションの中では、到底生き残れません。ということで、終身雇用に近い形で雇用を守るが、賃金格差はもう受けざるを得ない。おそらくそのような傾向になっていくものだと思います。

　OECDのいっております「労働市場の流動化」という政策を押し通してまいりますと、ILO最低賃金法は有名無実化してしまいますが、英国ではOECDの政策を受け入れ、それによって失業率を減らしていきました。その他、ヨーロッパでは、スペインで22％くらい失業率があったのが20％台

に下がり，フィンランドも15，16％と高かった失業率が10％以下に下がった。このためには賃金をやはり下げざるを得ない。失業するよりも，賃金が少なくなっても勤めたほうがよいというのが，1つの解決策ではないかと思います。

規制緩和—良い規制と悪い規制

それからもう1つは，規制緩和というものです。この言葉は，非常にすばらしい和訳だと思います。外国では，ヨーロッパでも，アメリカでもみんな deregulation，規制撤廃なのです。日本語で規制緩和というのは，規制を緩めるということですが，誰が考え出したのか知りませんが，迷訳ではなくて名訳だと思います。気持ちは規制を撤廃したくない。役人にとっては規制というのが仕事の重要なスタンダードになるわけです。しかし，やはりどうみても，日本はあまりにも無駄な規制が多すぎる。確かにアメリカの社会も規制がまったくないわけではないのですが，日本より比較にならないほど少ない。OECDの中でも一番不必要な，時代遅れの規制を維持しているのが日本だと思います。ただ，これもファッションで，私が日本に帰ってきたときには，とにかくみんな言っていることは規制緩和，規制緩和，規制緩和。実は，日本の通産省，経団連もOECDにたくさんの資金を提供してくれて，規制緩和のスタディーをやってくれと頼んだわけです。そこでOECDでは，regulatory reform（規制改革）という用語を使っていますが，日本の規制問題をいろいろ調査した結果，不必要な悪しき規制は撤廃するべきであるが，すべて悪いのではなくて，将来，環境保全など必要な規制もあると分析しました。日本では規制緩和というのは，1つのファッションなのです。そればかり言っていれば，マスコミにも受けがいいわけです。

実は僕も，ある雑誌に執筆する機会をいただき，そこで規制緩和にも良い規制緩和と，悪い規制緩和があるといったのですが，あなたは役人だからそういうことをいうのだと批判されました。今，そういうことを言ったら誰も雑誌を買ってくれない。良い規制と悪い規制なんて言わないでくれ，規制は悪いのだと言うのです。メガ・コンペティションの下では，規制を撤廃して儲ければいい。このような考えは，非常に大きな間違いだと思い

ます。グローバリゼーションの下で世界経済がますます自由化され，国境を越えて物，人の移動が自由になる反面，新しい規制も必要となってくると思います。たとえば，これから環境の分野では，大きな規制が必要になってくると思います（東海村の核エネルギー臨界爆発事故が起こりましたが，これなどは明らかに規制強化が必要であった事件です）。したがって，規制がとにかく悪いというのは1つのファッションです。リストラも1つのファッションだと思います。その中でやはり，日本独自の良いものがあれば維持していくべきなのですが，どうも日本の政治家，業界，学会のそれぞれを見ていると，1つの流れの中に乗っていかなければ日本の中ではあまり評価されないという傾向があるようです。私のように逆流の中で頑張っていると押し流されるか，あるいは無視されるだけなのです。しかし，OECDの中から見ていても，良い規制と悪い規制とがあることは明らかです。日本では悪い規制，良い規制なんて言いますと，何だと言われますが，良い規制もあるわけです。それは皆さんも考えておいていただきたいと思います。

老齢化問題・人口減少とそれらに対する新たな経済・公共政策

それから，人口の減少の問題，aging の問題。この点については，なぜ日本がOECDの先進国の中で最初に，人口の減少，老齢化問題を抱えるかということが非常に勉強の材料になります。直観的ですが，私は日本がヨーロッパ，アメリカの社会よりも平等化された社会であるということ，その他，賃金の平準化，年功序列制などに起因するのではないかと思うのです。アメリカの場合ですと，高度の医療を受けられる人というのは，やはりお金持ちなのです。ヨーロッパもその傾向があります。それに比べて日本は非常に標準化された，みなさんが高度医療の治療を受けられる。それで平均年齢が伸びた。それから，日本が急速な高度成長を遂げることができたこともこれに起因すると思います。したがって，アジア諸国にも言っているのですが，あまり慌てて成長，成長とやるなと。アジアの中でも高度成長を遂げた国は徐々に aging の問題を味わってきているわけです。あまり成長を強調すると，必ずそのような問題が早く起こってくるのです。

これから日本は，OECDの中で最初に老齢化対策を強いられる国になるのです。後のOECD諸国は日本がどの程度うまくやるかを参考にしようと見ているわけです。OECDが言っているのは，active aging ということで，とにかく元気な人は働けと提唱しています。僕などは良い例です。リタイヤーして遊んでもよいのですが，まだ教鞭をとっているというのは，active aging ですね。それから retirement も65歳になったら全部辞めるというのはおかしいので，effective retirement。このようなことをOECDは盛んに言っているわけですが，私は，日本人は働きたい人が大勢いるから大丈夫だと，そのようなことはヨーロッパ人に言うべきだと言っております。

　それから，優秀な女性が各大学に多くおりますが，そのような人たちの能力が使われていない。このような女性や老齢化した人が，日本の経済の発展に貢献するならば，私は毎年2％以上で日本経済は伸びていくことができると思います。そうすれば1人当たりのGNPでは世界経済のトップ・レベルに上がることができると思っております。そこで1つは，やはり人口の減少を抑えなければ日本の経済は2％以上の成長を達成できないと思います。スウェーデンなど北欧の例をとってみるといいのですが，スウェーデンはかつて人口が減少傾向をたどり，日本のように慌てたことがあるのです。しかし，今では人口成長率が回復しつつある。スウェーデンを見ておりますと，女性が働きながら家庭を営んで育児ができる。スウェーデン政府の中には，かなりハイ・レベルの局長クラスで女性がいますし，大臣でも女性がいるわけですが，みんな家庭をもっています。スウェーデンは大変な財政資金を公共設備とか健康とか学校に投じていますが，この点，日本は最低なのです。国民所得の中で健康と，教育と，社会公共施設に対する社会支出のGNP中で占める割合を見た場合に，OECD先進国の中でメキシコ―メキシコはまだ開発途上国ですが―と，トルコ，その次に低いのが日本なのです。教育も健康も社会施設もOECD先進国の中では極めて低く，小さな政府を目標としているアメリカよりも，英国よりもさらに低いのです（図1）。日本政府は公共支出のために予算をどんどん使っていると言います。GNPが大きいことからその比率が低くなる傾向もありますが，スウェーデンなどはGNPの45％を公共支出，健康，教育に使っています。それから見れば日本はGNPの約16％と極めて低く，なんとかしなければならないと思います。

図1　Public sector social outlays in relation to GDP, 1993

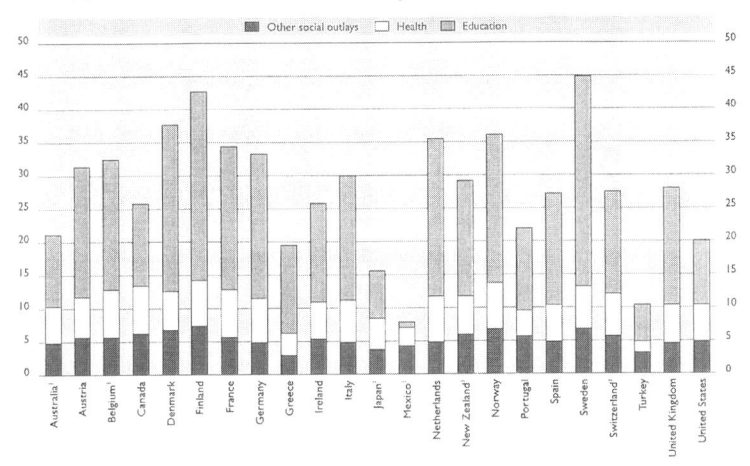

Note: The differences among countries are reduced when allowance is made for factors such as taxation of benefits, mandatory requirements for employers to provide benefits, or tax subsidies for private provision. If private spending on health is included, the differences among countries are considerably narrowed again.
Source: OECD Social and Education Expenditures Data Bases.

1. 1992

　私が経験した例ですが，フィンランドの外務省の外務次官が，私がちょうど彼を訪問していた時に，「4時になったらちょっと失礼したい」と言い出して，何をするのかと聞いたら，託児所に子供を迎えに行くと言うのです。日本の外務省の次官が午後4時頃に子供を迎えに行くと言ったら首になると思います。そういう社会はゆとりがあるのです。確かに，北欧は1人当たりの所得が高い国ですが，やはり国家がそれだけお金を使って社会福祉を充実させているということだと思います。

グローバリゼーション──光と影

　日本では，公共投資の是非をめぐっていろいろな議論がありますが，人口が減少していく中で女性が職業をもつと，家庭がなかなか営めなくなるという状況があります。それから女性の雇用の機会が極めて少ないということもあります。これを何とかしなければ日本の人口はますます減っていくと思います。できれば私はスウェーデン的なものにしたいわけですが，アメリカのみならずヨーロッパの主要国も，北欧のかつての福祉国家的な考え方はだめだと批判しており，北欧もだんだんGNPに占める福祉的な

支出を減らさざるを得ない運命にあります。
　私は，私たち人間はなんのために働いているのかという疑問を絶えずもつのですが，特にOECDのように非常に合理的なヨーロッパのトップ・レベルのエコノミストが集まっているところでは，市場経済至上主義でアメリカ的に競争，競争となるのですが，それをやっていると私たちの生きている目的は果たして何であろうか考えることになります。私はそのような疑問をもって7年半OECDで勤めてきたわけです。
　そしてもう1つ，私はOECDで今のマーケットにおける競争について非常に危機感を感じたのは，あるOECDのセミナーでエアー・フランスとかアリタリア航空の社長など，世界トップ・レベルの航空会社の社長を集めて将来の air transport の問題で議論した時でした。その際に聞いたことは，航空業界ではあまりにも激しい競争があって，アメリカの航空機会社でも職員を10年間の内に3分の1くらいに減らすということです。本当に国内でも throat cutting なコンペティションをやっており，さらに彼らは国際的には新興のシンガポール・エアーライン，マレーシア航空などには勝てないというのです。自分たちはコストを下げるために，サービスはもう一切しない。かつては，スチュワーデスによるサービスを充実させたものですが，アメリカの航空機でサービスを期待してはだめですよというのです。ただ，パイロットの給与は下げられない。彼らの給料を下げたら危ないからです。さらに，それ以上の競争になってきた場合には，エンジンのオーバーホールや機体の検査の周期を，1ヵ月だったものをさらに延ばして，2ヵ月，3ヵ月に1回にするということを言い出すのです。彼らは，このまま競争を続けていけば suicide enterprise になるというのです。そこで，アメリカ政府に航空会社の社長クラスがみんな集まって補助金を出してくれと言っているのだといっておりました。そうしないと，もう競争に勝てない。
　グローバリゼーションの中で，我々は生きているわけですが，果たしてこの先どうなるのか。外交官出身であるOECDの事務総長がまず言い出したのは，公共事業では競争原理を適用してはだめだということでした。これに対してOECDのエコノミストたちは，OECDの事務総長がそういうことを言い始めたら我々の存在価値はないと反論しましたが，これは考えていかなければならない重要問題だと思います。

したがって，私は結論的に言うならば，グローバリゼーションには光の部分と影の部分があるということです。能率を高めることによって，非常に世界経済が活性化し，自由化されて，資本が外国からも来る，技術も来る，貿易も伸びていく。それによって一部の開発途上国は非常に恵まれる。中国，インド，そしてインドネシアも経済回復すれば，そのような効果が出てくると思います。しかし，考えないといけないのは，国の中で所得格差がどんどん増えることです。今のアメリカの一番大きな問題は，所得格差なのです。わずか1割の高所得者の所得がどんどん増えていって，50％以下の人との格差が広がってしまう。これはアメリカにとっては，共和党政権であろうと，民主党政権であろうと，大きな問題になってくるわけです。アメリカは小さな政府ということで，なるべくGNPの中で国家の予算を少なくしていくという政策を採っておりますが，そのような中で，アメリカがこれから抱える問題は，国内における貧富の格差だと思います。それからヨーロッパは失業問題，日本もおそらく所得格差が拡大し，失業が増えてくる。そのような中でも，アメリカはまだダイナミックに発展しうるのです。先ほど申しあげたように職業を変えて生きていける。これからのアメリカ社会は1人の労働者が一生の内に，おそらく3回か4回，職業を変えなければ高所得層に移れない。そのためにはさまざまな retraining などが必要になるのだと思います。ただ，それだけの予算を出す余裕がアメリカにはないわけです。そのような社会を迎えるわけです。

Social Cohesion（社会の連帯性）の強化
――マーケット主義と日本的概念の融合

　日本の場合には，どのようになってくるか。私がOECDで経験したのは，ヨーロッパも今後，小さな政府に向かわざるを得ないし，政府が失業者の面倒を見ることができなくなるということです。そこで，社会の連帯性，social cohesion という概念が出てきているのです。welfare，福祉ということはヨーロッパの社会でも，もう言えないのです。サッチャー首相やレーガン大統領が出てきてからは，福祉というのはタブーなのです。政府は面倒見ることができないから，社会的な連帯性，お金持ちの人は貧しい人を社会の中でお互いに助け合ってくださいというのが social cohesion の意味

するところなのです。

　OECDの会議でこの概念が出てきた時に，日本の代表が，social cohesionというのは日本人にとってわかりにくい概念だと質問したら，OECD事務総長が，我々は，かつての日本は相互扶助の社会において国民の80％が中間層として維持されており，教育の水準も非常に高く保たれていることが日本の安定性を支えたということに鑑み，それを日本から学びたいと思っているのに，なぜ日本の大使がそんなことを聞くのかと逆に質問してきたのです。これにはみんな笑ったのですが，確かに日本人にとってはsocial cohesionという概念は非常にわかりにくい言葉です。以前 Le Monde（フランスのルモンド紙）に，関西大震災の際に，芦屋のお金持ちもお金持ちでない人も被害にあって，2週間，学校の体育館で共同生活をしたという記事が出ていたのです。フランスでは，まったく考えられないことで，このようなことから彼らは，日本の社会はすばらしく平等化した社会だとして憧れているわけです。

　しかし今の日本は，これからはもう平等概念はやめて，機会の平等は与えるけれども，後は個人の能力差を重んじると言っています。さらに，新しいリーダーをつくるためのエリート教育をやると言っておりますが，フランスが今直面しているのは，まさにそのエリート教育の弊害なのです。ENAという高等行政院はフランスのエリート教育の象徴がありますが，政治家もその卒業生ですし，社会党だろうと，保守党だろうと，今のプレジデントも，首相も，ほとんどENA出身です。銀行も，官僚も，それから芸術関係の学校でも，校長先生とかはみんなENAから下りてくるわけです。フランスがそのような社会を改革しようとしている時に，日本は逆に今度はエリート主義という方向に進んでいる。英国の政治家は「あんまり individual な人間をつくらないほうが政治はしやすいよ」と言っておりましたが，日本はだんだん元の姿から離れていくわけです。ヨーロッパは社会的安定を求めるために，social cohesion という伝統的な日本の社会制度の導入を考えてきている。これを見ていて，私は面白いと思ったわけです。日本の傾向はかつての社会的安定を離れていく。

　ここで私が1つ思い出すのは，最近のJR駅において頻繁に見かける出来事です。最近，私がICUの授業を終えて帰るときに武蔵境の駅の改札で人がたむろしている光景を頻繁に見かけます。そして，アナウンスメント

は必ず,「武蔵小金井,国分寺で人身事故がありました」というもので,この半年の内に3回くらいそういうことを経験しました。もうみなさん慣れっこになっているわけですが,日本の社会の中で将来に不安をもつ人たち,ダイナミックな社会に慣れていない,逞しさのない人たちは失職などで将来への希望を失うとそのように自分の人生を絶ってしまうわけです。不安のない社会,それを築くためには日本は,今後少なくとも2％成長で行くことです。そうすれば今のGDPより少なくならず,人口が減っていくこともあり,1人当たりの所得が上がるのですから,当然,豊かな社会になることができます。その過程で,日本の良い面は残しながら,グローバリゼーションの光の部分を早く取り入れていくしかないのではないかと思うのです。ヨーロッパでも悪戦苦闘していますが,グローバリゼーションに抵抗するわけにはいかない。しかし失業は増えていく。これからはこれが非常に大きな問題になっていくと思います。

　私は,今後は,あまりGNPの大きさとか,GNPがどうだとかいうことよりも, quality of life の問題を取り上げたいと思います。私が日本に帰って一番苦痛を感じたのは,家が小さいということです。今まで,外国で25年間もいて,たまたま大きな家にいたから,そのように感じるのかもしれませんが,とにかく家が小さいし,アメリカが日本に対し内需を拡大せよといっても,また,買いたいものを買えといっても冷蔵庫は1つしか置けない。それから,私は音楽が好きでステレオを買いたいのですが,うちの奥さんはそんな大きな物を買ったらもう離婚だと脅し,小さいものしか買えなかった。たまたまICUが大きな研究室をくれて,そこに本を持ってきているのですが,家には本も置けないし,たまに勝ったゴルフのトロフィーを飾るところもない。これでなぜ世界のGDP第2位,世界経済大国,ODAでどんどん世界に援助している世界第1位の援助国といえるでしょうか。やはり quality of life, 私はこれが大切だと思います。住宅環境について私が非常にアンバランスだと思うのは,私のアパートもたいしたアパートではないのですが,車庫の中にはロールスロイス,ベンツが駐車されていて,日本の車を使っているのは私だけです。いかにもアンバランスです。ロールスロイスに乗るような人がどうしてその程度のアパートに住んでいるのだろうかと思います。

　最後になりますが,日本はもっと主張すべき点は主張するべきだと思い

ます。グローバリゼーションがあまり極端になると、アメリカだって反省すべきであり、現在のグローバル・スタンダードを改善せざるを得ない点が出てくると思います。また2020年には、日本は世界最大の食料輸入国になるのです。穀物自給率が世界で一番低い。これは我々の未来にとってどのような問題を与えてくるのかという点についても考えていかざるを得ない。日本が本当に豊かな社会を築くためにはこれから大きな問題を克服せざるを得ないわけです。今まではアメリカが日本を非常に良くプロテクトしてくれました。日本が国連に加盟するときもアメリカの力がなければ、ソ連が拒否権を行使して4、5年間は入れなかったわけです。GATTに日本が1955年に入るときもアメリカのサポートがあって初めて入れた。OECDの仲間入りができた1964年も、実はヨーロッパの国は決して歓迎していなかったわけですが、アメリカの支持で入った。このことについては、我々は大変感謝をしなければならない。

　しかし、冷戦構造が終わった段階で、果たしてアメリカにとって日本はそんなに良いパートナーか、あるいはかつてのように絶えずプロテクトしなければならない国なのかということが問われています。もう日本は独立して十分力をもてるということであれば、やはりもっと独自の外交、あるいは政策を立てて世界的なグローバル・スタンダードの中に日本がもっている良い点を組み込んでいく必要があるのです。たとえば失業問題を防ぐためには日本の伝統的社会システムがヨーロッパで役立っていますし、日本だけでやってだめならば、ヨーロッパと手を組むという手もあります。グローバル・スタンダードをワシントンだけでなく、もっと全世界的なものに変えていく努力がこれから必要になってくるのです。

（10月9日講演）

転機に立つ南北問題
―日本の国際協力―

谷口　誠　国際基督教大学客員教授，前OECD事務次長

ひまわり5号からみた地球

国際協力のすすめ

　先ほど，斎藤副学長からもお話がありましたとおり，これから我々は，世界の中で日本がやれる，日本でないとやれないという分野を探していかなければならないのですが，そういう意味で今日，私がお話したいと思っております日本の国際協力というのが，日本がこれから目指す独自性をもってやれる1つの分野ではないかという確信をもっております。

　今日は，いささか自己宣伝になるといけないのですが，国際機関で鍛えられて，耐え抜いていくためには，かなり自己宣伝というのが必要ですから，お許し願いたいと思います。私は，過去約50年間を振り返ってみますと，開発途上国の問題，いわゆる南北問題というものを，学生時代から何かの縁で勉強してきました。外務省に入りましても開発途上国の問題を担当しました。外務省の中でも優秀なのは先進国の問題をやるのでしょうが，私は，やはり野生みが溢れていて，最初から開発途上国向きだと思われたのでしょう。国連も2回勤務しましたが，その間にパプア・ニューギニアという南の島にも3年半近くおりました。非常に治安も悪いし，いろいろな問題がありましたが，非常に勉強になったのは，学校で勉強したり，国連でいろいろ南北問題やら，開発問題をやったりしても，やはり現地の問題を知っていなければ実感がわかないということです。どう見たって，国連は，そのイデオロギー論争で明け暮れしておりますし，パリのOECD，これは先進国のグループで開発問題をやりますが，みなパプアニューギニアなんかには行ったことのない人たちです。そしてアフリカなどにも一歩も足を踏み入れたことのない人たちが，パリのOECD事務局というヨーロッパ的なロスチャイルドがもっていたすばらしいシャトウの中でパイプをくゆらしながらいろいろなことを考え，非常に知的なエクササイズをやるわけです。そのような人たちが，いくら開発問題を論じて，どんなよいアイディアを出しても，実際に開発途上国の人たちと生活して，実感をもって，自分の肌で開発途上国の問題を経験していなければ，そのような人たちはどうしても抽象的な，先進国的な頭でやるわけですから，血の通った開発協力というのは出てこないわけです。

　確かに，いろいろなすばらしいディスカッションもあるわけですが，血

の通っていない，実感のない国際協力，頭で考えた国際協力はうまくいかないと思います。私は，経済学をもう30年も40年も勉強してますが，今でもやはり一番私の頭に残っているのは，アルフレッド・マーシャルという英国の経済学者の"cool head, but warm heart"という言葉です。cool head で冷静な分析をやる，しかし，その中には warm heart がないとエコノミクスはだめだということを言ったのですが，これは至言だと思います。したがって，そのようなことから見れば，私が勤務したOECD，この中にはすばらしいエコノミストが多くいるわけですが，私に言わせれば彼らは"cool head and cool heart"あるいは cold heart なのです。冷静な頭脳，これは結構ですが，しかし，cold heart あるいは cool heart，冷たい心では，本当の国際協力はできないと思います。

　彼らは，すばらしいエリートで，ソルボンヌ，ハーバード，ケンブリッジとか一流の大学で学んだ人たちですが，やはり開発途上国の生活をしていなければ，そういう気持ちはなかなか伝わらないと思います。私は，あまり攻撃したくはないのですが，今，一番国際機関の中で力をもっている IMF と World Bank，特に IMF の場合は現地のことはほとんど知らない，アジアのことも知らない人たちの集団なのです。そのようなことから，実は97年7月から起こったアジアの通貨危機も，IMFに任せておくと，インドネシアのことについて知識のない人たちが担当し，結果的には社会混乱，経済混乱，政治混乱まで起こしたわけです。そのような人たちがエリートで重要な国際機関のトップに立っている。これは考え直さないといけないという気持ちがいたします。私は今（1999）年の『世界』の8月号に「国際機関における大国の横暴」という論文を書いたのですが，ある面では横暴な議論だと言われるかもしれませんが，これくらい言わないとわかってもらえないのです。

南北問題の登場

　南北問題というのは，1950年代の末期，私がまだ外務省に入りたてで，何もわからない時に国連に行った頃から出てきたわけですが，これは東西関係との関係で出てきた概念なのです。東は旧ソ連，東欧，共産圏で，西が先進国の，資本主義の陣営という東西関係があって，南北問題が出てき

たわけです。そして，おもしろいことに，地球の南半球にほとんどの開発途上国が地理的に属していて，北にほとんどの先進国が入っているわけです。ただ，例外として，豪州，ニュージーランドは南半球にありますが，このように東西関係との関係で南北問題が出てきたのです。

国連は1945年にスタートしますが，そこでまず起こった問題は，国連を作ったアメリカ，英国も予想できなかったことですが，冷戦構造，旧ソ連と西側陣営との政治的対立だったのです。アメリカ，英国，それから旧ソ連も国連を創った original founder なのですが，国連ができた途端に分裂し，東西関係という言葉が出てきたのです。

さらに，original founder であるアメリカ，英国，旧ソ連が予期していなかったことが，第2次大戦後，旧植民地が国連のもとで解放されてどんどん国連に加盟したことです。国連はスタートした時には51ヵ国だったのですが，1960年には，その加盟国は100ヵ国に増えていました。現在は188ヵ国です。国連は，最初は戦勝国で創った国際機関で，戦勝国の復興と，通貨や政治の安定，平和というようなことを考えていたわけですが，東西関係が崩れると同時に，植民地が独立して加盟したことにより国連の中のマジョリティが開発途上国によって占められるようになった。そうしますと，西側陣営は，いかにして新しく国連に入った開発途上国を西側の資本主義陣営に止めておくか，旧ソ連，東欧は，いかにして開発途上国を共産主義圏に引き込むかという争いがまさに1950年代の後半，それから60年代にかけて国連で起こった大きな政治問題なのです。そこで南北問題というものが国連の中で非常に大きな問題として登場してきたわけです。

その時の南北問題に対してアメリカ，西側陣営は大変な情熱の入れ方をしたのです。英国をはじめフランスなどヨーロッパ諸国はほとんど植民地をアフリカ，アジア，ラテン・アメリカにもっていたことがその理由だと思いますが，50年代，60年代に開発途上国が開放されて国連に入った時の意気込みはすさまじいものでした。開発途上国からも，トップ・レベルの，学問を積んだ人たちが出てきて，国連でさかんに旧植民地母国に対する恨み辛みをやるわけです。西側諸国にとっても，過去の自分たちの贖罪と言いますか，開発途上国を援助して彼らの発展を助けるということが政治的にも重要なことでありました。そのようなことから，50年代～60年代の国連の場では，むしろ西側先進国の方から，開発途上国のためにはかなり無

理をしても援助するという姿勢がみられました。

　そこで60年代のことを私は，南北問題の黎明期と呼んでおります。今まで私は，約50年間，南北問題を取り扱ってまいりましたが，この時代が私にとっても最も情熱を注いで，開発途上国が我々に対して強い要求をしても，本当に純粋に何かやっていかないといけないと考えていた時期です。日本は，植民地問題では西側の先進国ほど手を汚していないということから，それほど植民地化した国に対する贖罪的な感情はなかったのですが，純粋にやはり開発途上国を助けて援助していくことが必要だという気持ちは強くもっていたし，我々日本人の中にもそのような気持ちは強かったと思います。この時に，ケネディ大統領によるイニシアチブによって「国連開発の10年」とか，各国の国民所得中の1％を開発途上国の援助に向けましょうというような斬新がアイディアが出てきました。この時代は国連の南北問題にとって非常にエキサイティングな時代でした。

　ただ，そこで問題になったのは，我々先進国がニューヨークで beauty contest をやり始めたことなのです。先進国が開発途上国に対して「皆さんの支持者ですよ」という beauty contest をやったのです。その結果，いろいろな国際機構・援助機構を創り国連の組織が大きく膨張してしまった。開発途上国も意気軒昂たるものがあったのですが，あまり頭に乗りすぎて，特に70年代に入ると，OPEC（石油輸出機構）が石油をテコにして，先進国が牛耳っている世界の経済機構，政治機構を開発途上国に有利な形に変えようとしたのです。そこで1970年代に2回，OPECはオイルショックを起こしたのです。

　その際にOPECが開発途上国に呼びかけたのは，資源を使って先進国が牛耳っている世界の構造を改革し，New International Economic Order（新国際経済秩序）を形成しようということでした。これが70年代の「南北間の対立激化の時代」です。新しい経済秩序を構築して自分たち，開発途上国がもっと発展し，先進国を追いかけて追い抜くため資源を使えという呼びかけです。石油で我々は成功した，他の資源をもっている国も，その資源を担保として使って先進国を追いこめと。先進国はその製造した製品を輸出し，開発途上国は1次産品しか輸出できない，かかる貿易は開発途上国にとって非常に unfair である。そこで1次産品輸出国をもっと有利にするような形にもっていけというのが当時の開発途上国の強い要求だったわ

けです。そこで国連の場で特別総会を召集したのです。

　国連における特別総会というのは今まで政治問題だけを取り扱ってきましたが，1974年に初めて経済問題で特別総会を召集しました。特にOPECのリーダーであったアルジェリアは，フランスに対する強い反植民地運動をやってきましたが，そのアルジェリアを中心としたOPECが中心になり，非同盟国諸国・開発途上国が結束して新しい経済秩序を作ろうとしました。

　国連はどんな国でも一国一票，アメリカも一票，日本も一票，そして，わずか5千名単位の小さな国も一票をもっておりますが，この国連創設からの理想主義が困難に直面したのは，これほどに多くの開発途上国が独立して国連に入ってくることを想定していなかったからなのです。そこで，一国一票のシステムの導入国であるアメリカが「数の暴力」だと反発し出したのです。国連総会ではどうしたって西側先進国は voting では数で負けるわけですから，アメリカは，開発途上国を「数の暴力」と非難し始めたのです。開発途上国はおだてられすぎて自分たちの力で世界経済の構造を変えられると過信したのです。

　しかし，それが大きな間違いだったわけで，それからアメリカは国連離れを始め，国連に対して幻滅の悲哀を感じるようになった。その時，日本はまだそこまで感じていなかったのですが，後の西側の中でもだんだん国連における開発途上国の「数の暴力」に対する認識が高まってきました。私が「国際機関における大国の横暴」と言ったのは，別にアメリカだけを指しているのではなくて，その時々のパワー・ポリティックスで必ず世界経済を変えようとか，リーダーシップをとろうという大国が出てくるわけで，OPECなども大国になりうるのです。

　結局，70年代は，国連のやる仕事はすべて「新国際経済秩序」と関連するものだったわけです。これは，WHO，UNESCOなどの国連の専門機関においても「新国際経済秩序」一色の活動をし始めたので，その結果，アメリカ，英国は1985年にはUNESCOを脱退した（その後，ブレア政権になって英国は復帰）。そのように当時は，国連は何でも開発途上国に乗っかってやっていくというような時代の流れでした。国際機関というものは，特に国際機関で勤めている職員は風の流れを鋭く感知して，流れはどちらに向いているのかを察知していかなければその中ではうまく生き延びれないという性格がありますから，みんな70年代の前半から後半にかけては，

「新国際経済秩序」に従って世界秩序を変えていくのだという流れに乗っていました。

そこで，OPECがやりだしたのは，「新国際経済秩序」というのはスローガンとしてある程度確立されたから，今度はこれを実行に移そうとして石油の価格を高騰させてドルを溜め込んだのです。ドルを溜め込んだものの，オイル・ダラーが世界中を駆け巡っていったものですから，オイル・ダラーの洪水により，ドルの価値が落ちてきたわけです。そこでOPECは，国際通貨問題を扱っているIMFを攻撃することを考えたのです。IMFを攻撃することは，アメリカの経済，資本主義経済の牙城である Wall Street にとって一番嫌なことだったわけです。そこでOPECは，ドルの価値が落ちてきたことの責任は，通貨を担当している国連専門機関であるIMFであるとして，IMFをコントロールしようという野心をもってきました。国連総会は開発途上国がマジョリティーを占めるわけですから，そこで国連総会が専門機関の1つであるIMF（国際通貨基金）に対してコントロールできるようにしようとした。ところが，これがOPECの犯した最大の失敗だったのです。それまでアメリカはある程度，開発途上国が文句を言っていても，ガス抜きだとして大目にみていたわけですが，IMFにタッチし始めたとたんにアメリカは態度を変えた。現在でも，アメリカ，Wall Street にとって一番重要な国際機関はIMFです。Wall Street とアメリカの財務省，そしてIMFは完全に利害が一致した関係で，実はIMFを創ったのもアメリカでした。IMFはアメリカにとって特別な専門機関であり，後の専門機関はみんなジュネーブとか，なるべく遠くに設置して，独立性をもたせていますが，IMFと世界銀行で構成させるブレトン・ウッズ体制についてはワシントンの財務省が牛耳る。それほどアメリカの資本主義の維持，マーケットの維持にとって重要なのがIMFだったわけです。

したがって，世界経済の重要な時には，すべてIMFが関与してくる。1990年から始まったロシアの市場経済化の時もIMFが中心になって推進したし，それから1997年にはじまったアジア通貨危機の問題でもそうだし，その前のラテン・アメリカの通貨危機の時にもIMFが出てくる。それほどIMFはアメリカにとって最も重要な国際機関であり，かつ実際問題として今の世界経済をマネージするのはIMFなのです。IMFが本当にしっかりしたよい機関であることが我々日本にとっても重要なわけです。日本は，

国連に2000年，20％強の分担金を出す。アメリカは25％ですが，その25％も出したくないと主張しております。しかし，IMFにおいてはアメリカは，絶対，日本とかドイツにある一定の比率（5～6％）以上は出させないという姿勢をとっているのです。アメリカが18％を拠出することにより，アメリカ一国でIMFの重要事項を決めるようなシステムに保っているということは，いかにIMFがアメリカにとって重要かということを示すわけです。結局，OPECの誤り，開発途上国の誤りは，このようなIMFをコントロールしようと思ったことなのです。

新経済秩序の否定

　実は1981年に，メキシコのカンクーンで世界のリーダーが集まった南北サミットがありました。世界のリーダーが南北問題を協議したのは，歴史が始まって以来，このカンクーン・サミット1回です。それ以前もなかったし，それ以降もないのです。レーガン，サッチャー，カナダのツゥルードー，それから開発途上国はもちろん大統領クラスが出てきており，20ヵ国くらいが集まって，日本は鈴木善幸首相が代表として出席なされました。ここで行なわれたことは，レーガン，サッチャーが具体的に drafting をやって，特に，OPECが言い出したIMFに対する国連総会からのプレッシャーと関与を完全に shut out するということだったのです。これを機に，いわゆる国連の南北問題はまったく頓挫いたしました。1960年代，まさに燃え上がった南北問題の火はそこで完全に消えるわけです。その後，私は国連にいても南北問題では何もできなくなり，何かやろうとしても，西側，特にアメリカがそっぽを向いて南北問題と一言いえば，"Forget about it"という時代が続いたのです。きわめて欲求不満な時代で，何をやろうとしてもだめだったわけです。

　そこで我々がやったことは，自然災害に関する International Decade for Natural Disaster Reduction という決議案を打ち出して，誰も反対しようがないような開発問題を取り上げていかざるを得なかったのです。地震とか洪水のような災害をいかに抑えていくかという取り組みです。開発途上国の開発における政治問題は関与できないわけです。New International Economic Order なんて言ったら，そこで終わりですから。地震とか洪水，サ

イクロン，そのようなことが起こったときに一番被害を受けるのは開発途上国であることに着眼して，それをいかにコントロールしていくか。開発途上国の開発問題における damage control ということに着眼したわけです。しかし，それを国連でやろうとしたら，United Nations の名はあまり使ってくれるなと批判を受け，国連の名前を使うのも遠慮して，"International Decade" としてこれを実行したわけです。それほどまでに南北問題は下火になっていたのです。

OECDでの体験―国際機関の中における差異

この時，私は今まで30年もやっていた国連で非常に寂しい思いをして，国連を去って，パリにあるOECDに移ったのです。ここで見た社会は，まったく国連と違った社会で，先進国の社会，先進国のグループでした。私が，パリに行って最初に出た会議は，内輪の会議でしたが，国連から来たとなりますと，危険人物だと見られました。OECDから見れば国連というのは非常に危険なところです。New International Economic Order だとか，世界の経済秩序を変えようとか，そういうところで働いてきた人間は危険だというレッテルを貼られました。OECDにとって危険だということで私はかなりマークされたのです。

しかし，さらにショックを受けたのは，国連で私はUNICEFにかなり情熱を注いで，UNICEFの議長をやったりして，私の書いた南北問題という本の後ろにも，私がUNICEFの議長をやっている頃の写真で出ていますが，このUNICEFとの関係でも，UNICEFで働いてきた人間は一番危険だと，強く拒否されました。その理由を聞いたところ，世界の国際機関の中でUNICEFは一番悪いと言い，UNICEFが世界の死ぬべき子供を助けたために人口問題が悪化しているというのです。開発途上国では，生まれても5歳まで生きる子供は，5人中で2，3人で，必ず1人か2人は死んでしまうので，UNICEFは子供をいかに救っていくかということに重点をおいており，きれいな水を与えるとか，あるいは下痢や赤痢をおこさないように，1個1ドルのパッケージの粉袋を配ったりしたわけです。これによって幼児死亡率が減ったのですが，このようなUNICEFの活動により，自然に調節されるべき人口が増え，人口爆発が起こったのだと批判するのです。し

たがって，アメリカが脱退したUNESCOよりもUNICEFの方がさらに悪いと言われ，私は本当にショックを受けました。いろいろな人の話を聞いてみると，私は別の宇宙から来た人間も同然だと考えられていたわけです。同じ人間で，同じ教育を受けて，なぜ2つの国際機関がこんなに極端に違うのだろうかというショックを受けました。国連では，60年代はまさに開発途上国のためにUNICEFがやったようなことをやっていたわけです。キッシンジャー国務長官ですら1975年の第4回UNCTAD総会にはナイロビまで出てきたこともあり，アメリカが本当に力を入れた時代もあったのです。

それが，1987年の第7回UNCTAD総会をジュネーブで開催した時には，フランスはミッテラン大統領をはじめ，ヨーロッパからはかなり首脳も出てきたのに対し，アメリカは国務省の課長，あるいは課長よりちょっと下の人を代表団の代表として出席させた。それぐらいアメリカは南北問題には冷たい態度をとるようになったのです。これは，アメリカだけが悪いのではなくて，アメリカを追い込んだOPECとか開発途上国のradicalな急進派がそのような方向にもっていったせいでもあるのです。そのような時代を経て，私がOECDに行きますと，OECDでは，お前は先進国とやるよりも開発途上国とうまくやれといわれたわけです。OECDは1990年の初めから開発途上国の中で飛躍的発展を遂げているアジアのNIEs及びラテン・アメリカの中でも比較的発展しているメキシコ，ブラジル，アルゼンチン，チリを招いて対話を始めましたが，私は，まさにその仕事を与えられたのです。

89年にベルリンの壁が崩れて冷戦構造が終わると，西側先進諸国のグループであるOECDにとって怖いものはなくなり，開発途上国についても，OPECは力がなくなり，石油が余ってきて，OPECも衰退していったのです。開発途上国も完全に国連では力を失い，おとなしくなったのです。そこで事態は急変して，今度は，開発途上国は先進国と経済的linkageを保ち，とにかく資本と技術がほしい，そうしなければ発展しないとの考え方が登場してきたのです。

私は，以上のように，2つのまったく違う世界を，30年〜40年にわたり体験してきましたが，これだけ変化が激しく，考え方も変わってくるとは思いませんでした。特に90年代に入ってからの変化というのは凄まじいも

のがありました。国連のニューヨーク本部の一部では，まだ開発途上国がぶつぶつ言っておりますけれども，もう開発途上国の将来もいかにして先進国の資本，技術を導入するかにかかっているのです。60年代，70年代の国連では開発途上国にとって多国籍企業というのは悪魔とされ，一番恐ろしい存在だったのです。特にラテン・アメリカのアメリカ多国籍企業に対する恐怖感は大変なものでした。民間資本なんてとんでもない。たとえばメキシコなどは，一番強硬なアンチ・アメリカの先鋒だったのです。そして，国連の場でもアメリカを攻撃して激しく叩きました。そのメキシコが，1994年には North America Free Trade Agreement（北米自由貿易協定）に加入し，さらにOECDという先進国グループに入ってきた。OECDは，ご存知のようにまったく排他的な先進国のクラブだったわけで，ニュージーランドが最後に1973年に入ってからは，どの国にも門戸を開かなかったのです。ところが，それから21年たって最初に入ったのがメキシコだった。我々はびっくりしました。一番，アンチ・アメリカだったメキシコがOECDに入ってきたのですから。

開発問題の新たな局面─マーケット原理,外資による成長

　そこで次に，開発途上国がいかにして民間資本を受け入れるか，技術を受け入れるかということですが，中国におきましても78年からオープン政策をとっており，このオープン政策で中国の経済は飛躍的な発展を遂げたし，アジア，ラテン・アメリカの主要国もやはり先進国から資本，技術を取り入れて貿易を伸ばし発展しています。そうなりますと，国連で言っておりましたような新国際経済秩序を樹立しようとか，そのような試みは，芭蕉の俳句にでてくる「夏草やつわものどもが夢のあと」というようになってしまうわけです。私は自分の若い青春時代であった，60年，70年，それから80年代前半まで，なぜ一生懸命，開発途上国のために徹夜までしてやってきたのかと考えていました。非常に残念な気がしましたが，しかし，やはり私にとってよかったと思うことは，それらの国が昔のことを忘れ，とにかく開発とグローバリゼーションの波に乗って，外国資本を取り入れて，実際，発展していったことなのです。

　ただ，取り入れすぎたのがアジアでした。あまり多く取り入れた結果，

アジア通貨危機が起こった。まさにアメリカのマーケット・システムに準じてどんどん発展していったわけですが，私の言っております「転機に立つ南北問題」というのはまさにその点でした。つまり，問題はそのようなグローバリゼーションの波に乗る国は開発途上国の中でも，外国資本，先進国の資本が入ってくる恵まれた開発途上国だけだったのです。このような外国資本が行かなかったのがアフリカのサブサハラ・アフリカ。そのようなところには民間資本というのはまったく行かない。民間資本は利益性がないと行かないので，リスクが高くて儲からないところにはびた一文行かないのです。やはり，儲かるのはこれから市場も大きくなる中国，それからインド，インドネシア，ブラジル。ASEANの中でもシンガポールは1人当たりのGNPではすでに先進国のトップレベルに達しており，他のASEAN諸国も外国資本と技術の導入によりさらに発展するでしょう。民間資本と技術が流入しないのはアフリカの中でも主としてサブサハラ・アフリカです。資源に恵まれ，発展しつつある南アフリカ，その他。マグレムの一部，アルジェリア，チュニジア，モロッコなどは，アフリカの中でも比較的ヨーロッパに近いところなので外国資本投資が期待されるが，サブサハラ・アフリカなどにはODAも減少しつつあり，また民間資本はほとんどいかない。

　そうなりますと，従来は先進国と開発途上国，北と南との関係，北に対していかに南が追いかけるか，その発展の格差を縮小しようというのが南北問題だったのですが，新たな展開としてサブサハラ・アフリカなどの最貧国を除くかなり多くの開発途上国が先進国よりも早いスピードで伸びてくるといった現象が起こってきたのです。先進国もこれには，実は困っています。先進国の成長率は，前回の講座で申し上げたように，どんなにうまくいっても2020年に向かって年平均2.8％で行けば最高です。しかるに，恵まれた開発途上国が8％くらいで成長するということになりますと，中国などは様々な政治的な問題がありますが，GDPではアメリカ，日本を抜いてはるかに大きな国になることは人口の大きさからみて間違いない（1人当たりのGDPでは別ですが）。インドのGDPもおそらくもっと増えていくと思われますし，インドネシア，ブラジルだって経済大国になっていくでしょう。

　しかし，恵まれないのは，資本，技術が来ない，いわゆる最貧国なので

す。それはもう惨めなほど落ちていくので，過去20,30年を見てみても，これらの諸国はほとんど成長していない。中国などは，いろいろな問題を抱えつつも飛躍的な発展を遂げています。貧困だって，中国は1978年に開放体制をとった時，1日1米ドル以下で生活している人を貧困というならば，6億か7億人くらいが貧困と認定されていたのですが，現在は2億人くらいまで低下しております。李鵬首相に数年前にお会いしましたが，彼によれば7～8千万人が貧困状態にあるとのことでした。中国では1日1ドルあれば，実質的には，かならずしも貧困とは言えないかもしれません。日本では1日1ドルでは何も食べられないかもしれません。

　このような発展の格差はどちらかというと，これからは南の中で起こってくるのです。これがまさに私が言っております「転機に立つ南北問題」ということです。ただ，南北という言葉はもう古い言葉ともいえます。東西関係がなくなったから，南北というのはそもそもおかしいのです。シンガポールを例にとりますと，南側諸国の中でもどんどん伸びていって，97年の世界銀行の統計では，今の為替レートで換算しても1人当たりのGNPは，世界第4位になっております。購買力平価によるGNP（米ドルを基準として，たとえば100米ドルではシンガポールでは実際に何をどれくらい購買できるか，ニューヨーク，東京，ロンドンなどではどれくらい購買しうるか，実際の購買力でGNPの国際比較を行なう場合に用いる）では，シンガポールは97年に1人当たりのGNPで世界第1位となっています。そのように南側諸国の中でも北側諸国グループを追い抜くくらいの国が出てきています。したがって，南北という概念は地理的にもおかしくなっていて，私は南北問題という言葉はもう使わないほうがいいとも思うのです。むしろこれからの問題は，グローバリゼーションの下で起こってくる開発途上国の中の格差ということになるのです。現在の世界の紛争とか，地域紛争というものは，その大半が貧困から起こってくる。すでに恵まれて発展している国からは起こってこないのです。国家間の戦争というのは，冷戦構造が終わってからは，ほとんど消え失せて，そのかわりに頻繁に起こってくる問題は貧困，一国の中での種族間での争いとか，その関連で起こってくる難民問題，それから環境，人口，エイズなどの問題です。これは，これからの開発問題にとって大きな課題になってくるのです。

　ただ，1つ強調しておかなければならないのは，冷戦構造が終わったと

たんにアメリカをはじめ，先進主要国が援助を削減していることです。冷戦構造の下では，国連でも先ほど申し上げましたように，西側先進国は開発途上国の中の新興独立国を自分たちの陣営にとどめておくために，政治的に大変なお金を使いました。ソ連も同じように，大量の資金を使ったわけです。ところが，現在のロシアは，1ルーブルも使うどころか，西側先進国からの多額の資金協力に依存し，またIMFからも大量の資金を借り入れています。開発途上国に対して，びた一文出せないのです。そうなりますと先進国もとたんに援助，公的援助については冷たくなってきました。私が若い時代に情熱を燃やした国連の南北問題というのは，よく考えてみれば冷戦構造の下での開発問題であったのではないかと思います。その渦中に入っているときはわからないので，一生懸命1つの決議を成立させるとか，徹夜してお互いにやり取りしてなんとか決議案をまとめるとかやっておりましたが，今，このような機会に振り返ってみますと意外とクリアーにわかってきます。歴史を振り返ってみると，時代の波としては非常によくわかる。その渦中に入っている人はわからないもので，森の中で木を見ているようなものです。それから見れば，今，こういう機会や，大学で講義をして歴史として見る場合，我々の過去の時代はこうだったのだ，今はこういう時代にある，今後どうなるかという長期的な視点から再度見ることによって，私自身がクリアーになってきていると感じます。そのような意味では，このように皆様にお話できる機会は非常に私にとってもありがたいものです。

公的援助から民間資本へのシフト

先ほどから話しておりますように，グローバリゼーションが進行し，冷戦構造が終結した段階では，先進国のいわゆる公的開発援助は明らかに減少していく傾向にあり，今後よほどのことがない限り増えてくることはないと思います。むしろグローバリゼーションの下では民間資本が開発への大きな役割を果たしてくる。極端にいえば「援助の時代」は，終わったとは言えませんが，「冬の時代」を迎えたということです。グラフの方をご覧になっていただきますと，公的資金援助が1990年で約500億ドル，これが97年にはほとんど増えていない（図1）。しかし，直接投資が175億ドル，

図1　公的援助から民間資本へのシフト

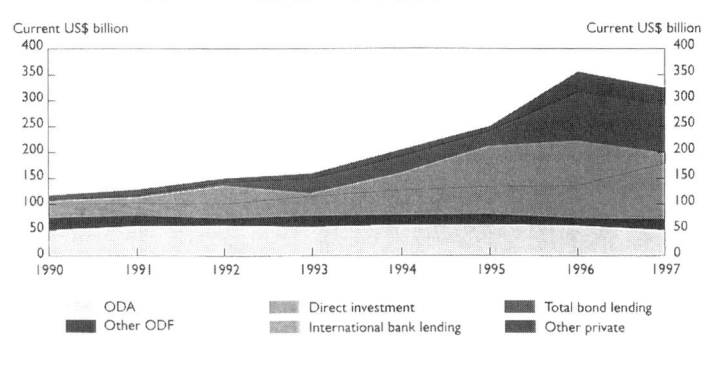

ODA	Direct investment	Total bond lending
Other ODF	International bank lending	Other private

Source: OECD.

約2倍以上に増えている。ということで，公的資金援助が，過去7年間ほとんどフラットで，あまり増えないという状態に入っております。あとは，市中銀行が出すお金とか，international bank lending, total bond lending, other private，株式投資とか，そのようなもの含みますと，民間投資は約3200億ドルです。公的資金援助は500億ドルに達しないところ，残りが全部，いわゆる民間投資に入りますから，民間投資は公的資金援助の約6倍かそれ以上に増えているわけです。このことから明らかになることは，これからは民間資本がグローバリゼーションの下で開発途上国に流れていく時代に入ったということです。今まで開発途上国は，先進国からの民間資本はきわめて怖いもので，特に多国籍企業の資本は怖いから，それらを拒否し，公的資金に頼っていたのですが，その時代は終わったと考えられるわけです。

それから，図2のグラフをご覧になっていただきますと，サブサハラ・アフリカは30数ヵ国ありますが，濃い灰色の柱が公的資金援助です。87年と比べて95年は減っています。薄い灰色の柱が民間資本でありほとんど見えないくらいです。それから中南米ですが，中南米ではODAがだんだん減ってまいります。ここで，黒い色の柱の export credit（輸出信用）はお忘れになっていいと思います。輸出信用も一種の援助なんですが，たとえばタンカーを売る場合に，いきなりタンカーを買えないので，お金を貸してあげて船を買ってもらうというものです。その後，何年かして返しても

図2

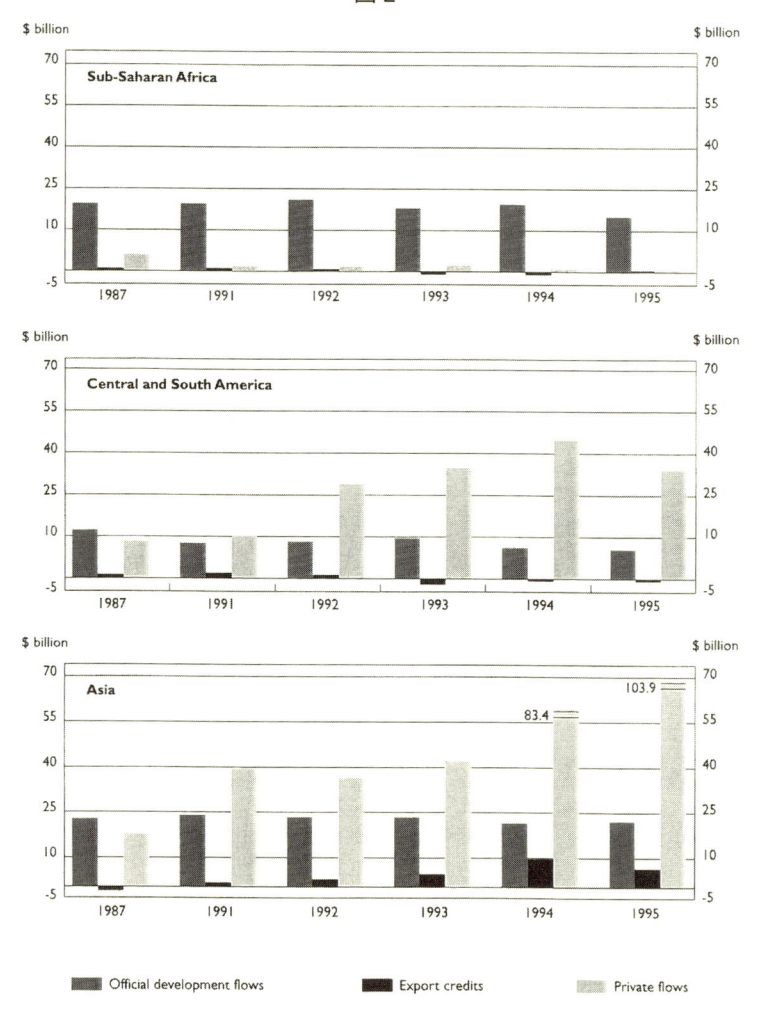

Sub-Saharan Africa, *Central and South America*, *Asia* の3つのグラフ（1987, 1991, 1992, 1993, 1994, 1995年）。Asiaの1994年は83.4、1995年は103.9。

凡例: Official development flows, Export credits, Private flows

らうという一種の援助です。それよりも，民間資本がだんだん増えてまいります。94年は高くなり，95年はちょっと下がっておりますが，これは通貨危機の影響があると思います。このように，中南米は公的資金援助，ODAは徐々に減ってまいりますが，private capital の民間資金がどんどん増えていくということになっています。一番，顕著なのはアジアです。

ODAは大体コンスタントに推移していますけれども，民間資本は大変な伸び方を示しております。

　以上から見ますと，アジアが一番グローバリゼーションのもとで民間資本の恩恵に浴しておりますし，ODAもそんなに減っていない。これらのODAは，ほとんど日本の援助です。アフリカは可哀想で，ODAも減ってまいりますし，民間資本はほとんど姿が見えないくらいの状態です。ラテン・アメリカは中間だと思います。これはOECDのDAC（Development Assistance Committee）という援助国が集まって協議する機関がありますが，そのDACの議長の報告書の資料によるものです。

各国ODAの推移

　次に，1997年におけるDACメンバーの net ODA は図3，図4のとおりです。日本が93億ドルで第1位，2位がアメリカで68億ドル，それからフランス，ドイツ，それから英国と下がってまいります。日本は8年間，ODAの第1位を保っています。私がOECDに入ったころは，90年に入ってから日本がアメリカを抜いて第1位に踊り出ました。その時アメリカは，まさにオリンピックで争うように何とかODAの1位を保ちたい，日本に抜かれるものかという強い政治的な駆け引きをやり，エジプトに対する軍事借款も贈与に切り替えたからODAの中に含むべきだとか議論を重ねて，全部，積み上げれば1位になるんだと主張しました。北欧諸国も国連に対する peace keeping への資金援助を含めると日本より多いとかいって，みんな日本が1位になることについて決して歓迎しなかった。しかし，結局，もう維持しきれないとなると，アメリカはギブ・アップしました。現在，アメリカは2位ですが，一時は4位くらいにまでダウンしました。フランスは，やはりアフリカのフランス語圏をもっておりますから，援助のためにかなり高い，63億ドルくらいを負担しております。それから英国も，やはり旧英連邦に対する援助ということで，その順位を維持しております。

　ただ，日本の援助で1つ言えることは，国民所得の中に占めるODAのシェアの点からみますと，日本はGNP，国民所得が大きいので，第1位の援助国として93億ドルくらい出していても，国民所得に占める比重でいけば日本は下から3番目だということです。日本は国民所得の0.22％しか出

図3

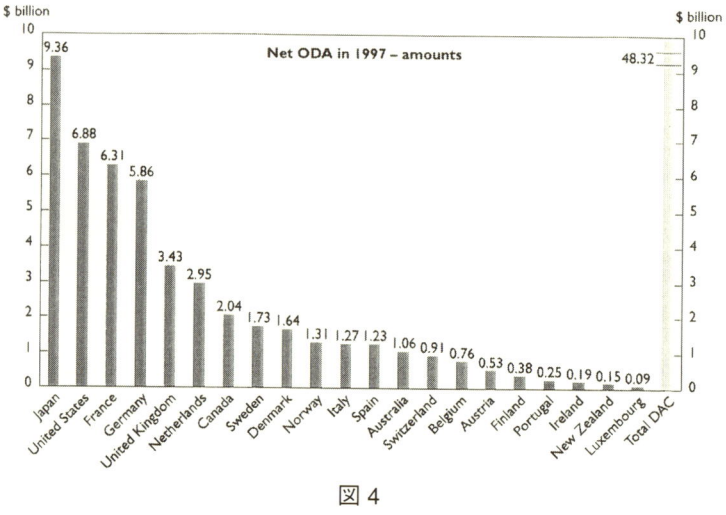

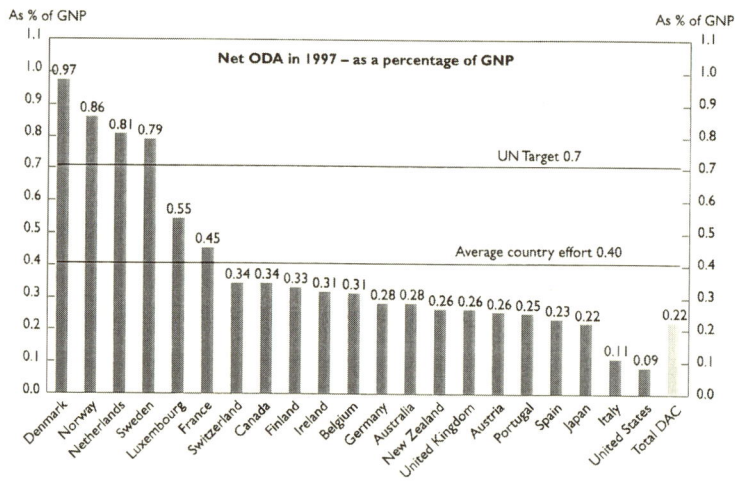

Net ODA in 1997 – amounts ($ billion)

Japan 9.36, United States 6.88, France 6.31, Germany 5.86, United Kingdom 3.43, Netherlands 2.95, Canada 2.04, Sweden 1.73, Denmark 1.64, Norway 1.31, Italy 1.27, Spain 1.23, Australia 1.06, Switzerland 0.91, Belgium 0.76, Austria 0.53, Finland 0.38, Portugal 0.25, Ireland 0.19, New Zealand 0.15, Luxembourg 0.09, Total DAC 48.32

図4

Net ODA in 1997 – as a percentage of GNP

Denmark 0.97, Norway 0.86, Netherlands 0.81, Sweden 0.79, Luxembourg 0.55, France 0.45, Switzerland 0.34, Canada 0.34, Finland 0.33, Ireland 0.31, Belgium 0.31, Germany 0.28, Australia 0.28, New Zealand 0.26, United Kingdom 0.26, Austria 0.26, Portugal 0.25, Spain 0.23, Japan 0.22, Italy 0.11, United States 0.09, Total DAC 0.22

UN Target 0.7
Average country effort 0.40

していない。この点，北欧諸国は非常に率が高いわけで，先ほど国連の1960年代，南北問題の黎明期に国民所得の1％を援助に向けようというアイディアについて触れましたが，それを実現しているのはデンマークで0.97％。それからノルウェーなどの北欧諸国が高い比率で拠出しています。さらに，オランダなどが明らかに高い比率の拠出をしています。それ以下

の順位を見てみますと，ルクセンブルグ，フランス，スイス，カナダ，フィンランド，アイルランド，ベルギー，ドイツ，オーストラリア，ニュージーランド，英国，オーストリア，ポルトガル，スペイン，日本，イタリア，そして最後がアメリカとなっており，極端にアメリカが低いのです。GNPが大きいので，比重は低くてもいいのですが，OECDのDACにおける議論で北欧は，日本などは絶対量が多いが，我々は1人当たりの負担額では日本よりも大きいのだと主張し，それを非常に誇りにしているのです。

　しかし，その北欧ですら最近は，国民の世論がODA，公的援助に対しては盛り上がってこないという状況にある。これが北欧にとっても大変な問題となっています。アメリカはもう完全にギブ・アップしておりまして，今までDACの議長は，DAC設立以来30数年にわたってアメリカ人がその地位を独占してきたのですが，今年になって，アメリカはその議長のポジションを明け渡したのです。これは，アメリカの援助からの大きな後退なのです。国民の世論が起こらないし，アメリカの国会が援助に対してはきわめて厳しい姿勢をとり始めている。それから国連にはUNDPという技術協力の機構があり，この事務局長ポストをアメリカ人がずっと維持し，設立当初からアメリカのかなりトップ・レベルの政治家や民間人がその地位に座っておりましたが，今年になってそのポストについてもアメリカは他国に譲ってしまった。本来ならば，日本人がこれらのポストについてもいいのですが，残念ながらそれだけの人材がいないというのが現状で，DACの議長はフランスがとり，UNDPの事務局長は英国に譲らざるを得ませんでした。

21世紀における日本外交のかなめ――国際協力

　これからは，日本が誇る国際協力が，日本の外交にとってきわめて重要な要素になり得ましょう。今後，日本が外交面で自ら指導権を発揮して，実権をもってやれる分野というのは国際協力だと思います。軍事力が日本にはないので，その関連で政治力も弱いのですが，国際協力の分野では独自性を出せると思います。確かに国民所得に占めるODAの割合は0.22％低いのですが，全体の量では断然，他を圧しています。しかし，その日本といえども，もうこれからは援助の量についてはあまり約束できなくなっ

ています。今までは，今後5年間に援助を倍増するなど，日本の華やかな時代もありましたが，これからはおそらくそのような時代はこないと思います。国民の中にも援助は有効かどうかという疑問が沸いております。公的援助は，我々の税金をもとにしているのですから，国民にとっては大変な負担です。介護問題，年金の問題とか，日本自体が抱える問題がありますが，その中で，日本がこれから援助の量をどの程度維持できるかという課題が残ってくると思います。

　日本にとって，なぜ援助が必要なのか。たとえば，これからの開発問題で一番重要なのは取り残されているアフリカです。特に，サブサハラ・アフリカです。ヨーロッパの中では，先ほど申し上げた北欧が一番，援助にはまだ熱心ですが，昔，大来佐武郎外務大臣がこういう話をされたことがありました。三木総理と大来さんがスウェーデンの首相を訪問された時に，首相官邸の外でデモがありました。それで，三木首相がスウェーデンのパルメ首相にあのデモは何ですかと尋ねたら，彼は国民がスウェーデンの開発途上国への援助を増やせと言っていると答えられたのです。大来さんは開発問題に熱心ですから，非常に感銘を受けられ，よくその話をされておられました。しかし，そのスウェーデンにおいても援助に対する国民の世論がだんだん冷めてきた。アフリカに多くの援助をやったが，それらは援助の垂れ流しでアフリカの国は決して発展してこなかった。そのような感情が，やはりスウェーデンの国民の中でもだんだん大きな問題になってきているのです。

　他方で，オランダはGNP中で援助率を増やしている国ですが，オランダに行った時になぜ高いのですかと聞いたら，あまり大きな声でいえないが隠された課題だという答えが返ってきました。つまり，開発途上国，特にアフリカ，アジアなどには，かつてのオランダがもっていた植民地があり，そこの国民がオランダのような平和なヨーロッパの土地に来ては困るので，できるだけ援助をして，彼らが自分の母国に住めるようにするというものだったわけです。そのためには援助を出しても惜しくない。オランダのような静かで平和なところでは，開発途上国からの移住者を受け入れたくないという気持ちがあり，それで援助を出すのです。

　OECDの連中は，先ほど申し上げたように，極端な人はアフリカ大陸が明日からなくなってもどうでもいいというような冷たいことを平気で公言

するわけです。そこで，当時，私はDAC担当の次長ですから，なんとかDACを盛り上げるために，アフリカを無視した場合どのようなことが起こるのかということを投げかけ，人口爆発，環境，エイズ，難民など，さまざまな問題が新たに生じてくることに対する注意を喚起しました。すると，OECDの cool head and cold heart な連中も，やっと少しは援助は必要だと考えを変えました。

　私は，DACの会議で，さかんに議論して，ODAは必要であり，これがなければ開発問題はやれないことを強調したのですが，結果はOECDの中での大変な袋叩きにあいました。「お前は日本の代弁者だ」との批判を受けました。その頃，日本がODA，ODAと叫んで，他の国ではODAは下火になっていました。フランスと日本だけが，まだODAの増加を主張していたのです。北欧は，もちろんODAの重要性を認識しておりましたが，北欧も次第に援助の効果については疑問をもち始めており，国民支持も落ちてきていました。したがって，G7サミットと西側先進国のグループの中で，開発問題にまだ熱心だったのは日本とフランスだけだったのです。あとの国はほとんど"Forget about it"ということで，消極的だった。

　そのような状態で，私は苦難の道をOECDで進んでいたわけですが，日本にとって何が重要かと考えますと，オランダが考えていたような難民の問題もありますが，日本は，やはり政治的にもアジアをバックにせざるを得ないのです。したがって，西側先進国とは，まったく政治的，地理的な位置付けも違う。特に，アジアを回って感ずることは，日本人はアジア人の顔をしているが，心は先進国というのが，彼らが抱いている気持ちなのです。最初にアジアからOECDという西側先進国のグループに入っているのは日本，その後，韓国が入りましたが。私がOECDに着任した頃OECDの会議場で私が座っておりますと，一緒におりました日本の大使から君だけが色が変わっているといわれたことがありました。私は，今までそのようなことを意識したことがなかったのですが，確かに，肌の色は他国の代表と違いました。しかし，これは変えることのできない事実です。

　したがって，私は第1に，日本はG7サミットにおいても，開発途上国，特にアジアをバックにして行動しなければ，政治的にも十分に力を発揮し活躍できないのではないかと考えています。第2に，日本の安全保障の問題において，日本の援助と経済協力，国際協力が大きな役割を果たすとい

うことを再認識する必要があります。第3に，食料問題において，前回の講演でも少しお話しましたが，2020年には，日本は世界で最大の食料輸入国になります。それも，ほとんどアメリカ市場に頼ることになる。その場合に食料の安定的供給を確保することがどうしても必要になる。これは資源についても同じことです。現在，エネルギー問題は比較的に緩和されておりますが，また将来，70年代のようなエネルギー危機が起こらないという保証はありません。今日においては，たまたま石油は余っておりますが，将来，中国，インドなどは全部，石油輸入国になる。インドネシアですら，数年を経ずして net oil importer になることが明らかです。そのような時代になった場合どうなるか。

　その時にやはり，国際協力ということが日本の将来にとって非常に重要な要素になると思います。ODAについて，日本としては数量的にはもう増加できない。外務省が最近発表しました中期援助計画も量については一言も触れていない。日本の国会も量についてはきわめて厳しくなっている。そうなりますと量ではなくて，質の問題になってくると思います。ただ，先ほど申し上げたように，日本はまだGNP中の比率でいけば低く，日本の援助は円借款が多い。grantとして与えるのではなくて，金利を安くして，何年かで返してもらう。それも日本からの援助の1つの性格です。そのような意味で，量は問題ではなくて質を改善していくためには，やはり私は，これからは限られたODAを，いかに有効に使うかということになると思うのです。

　そのためには2つ方法があると考えられる。1つは，もう恵まれた開発途上国，中国，インド，インドネシア，ブラジルなどの大国には民間資本がどんどん行くのだから，それらの国については民間資本にまかせる。限られたODAは，サブサハラ・アフリカとか民間資本がこないところに有効に使う。これは，きわめて難しいのですが，私がパプア・ニューギニア（PNG）にいたときの経験から申しますと，日本の林業とか，漁業などがPNGに企業進出するときに，PNG政府から港をつくれ，橋をつくれと要請される。次には，病院をつくれ，学校もつくれ，教会もつくれ，交番もつくれということになります。そうなると，もう日本の小さな企業は入ってくることができない。そこで，ODAを使って日本の民間企業が入りやすいようにする。そうでなければ，日本の弱小の漁業，林業の企業は入っ

てくることができない。これから，日本は漁業も南の島で開拓していかないといけないし，林業も同じです。アフリカだって，同様なことがいえるので，ODAを使って経済インフラをつくる。今まで，日本は経済インフラに重点を置いたため，日本の援助はあまりにも経済主義的だということを非難されたのですが，これはあまり気にする必要はないと思います。むしろ，これからのマーケット・システムでは，どんどん経済インフラを構築して，それによって民間資本がアフリカにも入りやすいようにする。したがって，限られたODAを触媒的に使うべきだというのが私の意見で，これをDACでもさかんに主張してきました。

　それから，人的資源の開発には大変なお金と時間がかかりますが，経済インフラだけでは，それをマネージする人間が外国の専門家ということになりますから，バランスをとりながら経済インフラと人的資源の開発とを実現していく必要があります。そのためには技術協力が必要となり，まさに日本の技術協力はそういう意味で大いに力を発揮できると思います。実は，私のPNGとソロモン群島の経験によりますと，日本の青年協力隊とかJICAの専門家が来る場合，日本の技術協力というのはできるだけ多くの現地の人に技術を移転し，技術を伝授するということを趣旨としています。たとえば，自動車の修繕などもできるだけ多くの技術者が学べるよう心がける。一方，豪州とか英連邦の技術者もたくさん来ており，その人たちは自分で自動車を直すのですが，技術は伝授しない。伝授したら自分の職業がなくなるということで，自分がその職を維持するためには，技術の移転には消極的なわけです。そのようなことから考えれば，日本の技術援助の方が，開発途上国に対する貢献度でいったらはるかに高いと思います。しかし，悲劇は，日本の青年協力隊とかJICAの技術者が，これらのオーストラリアとか英連邦の技術者の下で働くことになった場合に，いじめられることなのです。言葉がどうだとか，なんとかいっていじめるわけです。日本の専門家が来て，PNGやソロモン群島の人々に技術を伝授してしまうと，これらの技術者は困るからです。ただ，私が日本の青年が立派だと思ったのは，ソロモン群島などは，かつて日本の第2次世界大戦の戦場で，島が5つくらいあるのですが，ガダル・カナル島のホニアラという首府から船で3時間も4時間もいったところの島に，青年協力隊の青年が1人おり，どうしているかと心配したら，「いやー，平気です」と，結構自由に

やっているのです。対照的に，比較的にいいところに住んで，オーストラリア人に使われている人は，欲求不満で帰りたいとか泣き言をいっておりました。そのようなことからしても日本の技術協力というのは，これから大いに進める必要があると思います。

それと，私は最近，日本が非常に良くやってくれたなと思うのは，アフリカへの協力で，先ほど申し上げたようにヨーロッパでも冷めてきているにもかかわらず，1993年と98年の2回，TICAD：Tokyo International Conference for African Development というアフリカ開発のための国際会議を東京でやったことです。これは，政治的な posture としても非常に優れた判断だと思います。その時に，やはり先進主要国の中ではフランスだけが熱心に出てきたのですが，アメリカは，low level の人しか出してこなかった。あまり関心がないのです。しかし，TICADを通じて日本がアフリカに対してかなり積極的な姿勢を見せることになった。これは，やはり日本がやった非常によいイニシアティブではないかと思います。それから，私が国連でさかんにやってきた時に感じたのが，開発問題も「人間の顔を持った開発」を推進していくべきだということです。cool head だけれども warm heart がなくてはいけないのです。

今まではすべてマーケットの原理で開発援助も実施していました。特に，OECDでは援助方針として，第1に，その国がマーケット・システムをとっていること，第2に，民主主義の擁護，それも pluralistic democracy（多元的民主主義）で，1つの政党が牛耳っている開発独裁ではなく，2つ政党がないといけないもの，そして第3に，人権の尊重を条件付けております。

日本の援助政策もだんだんそれに近づいてきていますが，このような条件を採用しますと，アフリカの国でも，サブサハラ・アフリカにおきましては，この3つの条件を満足させる国というのはほとんどない。確かに，これらの条件は先進国では重要だと思います。市場経済，民主主義，人権。しかし，これらをあまり現実に当てはめてしまうと，援助はいかなくなるのです。ただ，このように条件を満たすようになってほしいという願望は必要です。しかし，これを厳密に当てはめてしまうと援助はうまくいかない。日本にしても，これから考えなければいけないのは，核実験をやっている国になぜ援助しないといけないのか，核を持っている国をなぜ援助し

ないといけないのかということなのです。

　それから，環境問題で問題を起こす国に対しては援助を出すべきではないという議論もあります。考えてみますと冷戦構造が終わったら，開発途上国だってそんなに軍備費を使う必要はないのです。冷戦構造が終わったあとに金額的にいっても大変な額が平和の配当から出てくるはずです。世界全体では5000億ドルくらい浮いてくる。それを開発に使うべきなのですが，ほとんど使われていない。むしろ，冷戦構造が終わったのに地域紛争とか，一国の中でいろいろな紛争が勃発し，そのために地雷を買ったり，開発途上国，特にアフリカのサブサハラもそのために大変なお金を使っている。しかし，地雷を売っているのはどこか。最大の軍事援助をやっているのは国連の安全保障理事会の五大国なのです。世界の武器貿易の85％は，アメリカ，ロシア，英国，フランス，中国によるものです。五大国で85％の武器を売っている。そして，そのような国は次第に援助に消極的になる。武器で儲けているのは先進国，それを買っているのは開発途上国なのです。

　そのように考えると日本の援助も，一定の条件的な原則が必要になる。たとえば，市場，民主主義，人権よりも，援助を使って軍事拡大にお金を使っている国に対しては援助しない。日本も援助政策を総花的にやるのではなくて，ある程度，外交的に国際協力を使っていくことが必要になってくると思います。西側のようにイデオロギーの議論をしていくよりも，実際に，軍事にお金を使う国には援助をしない。なぜ我々，日本の納税者が，その犠牲にならないといけないのか，そのようなことが大きな問題になってくると思います。そういう意味で，国際協力は日本の安全保障にとり非常に重要であり，かつ，外交的に有効ですから，べつに1位になろうとかするのではなく，良い質の経済協力を進めていくべきではないかと思います。いずれにせよ，なぜ援助が必要かということは絶えず我々は考えていかなければなりません。先ほど申し上げましたように開発途上国の中でも豊かな国はどんどん発展するのですが，最貧国は，いつまでたっても発展しないし，しかも，そこから紛争が起こってくる。1997年の世界銀行の統計でも，1人当たりの国民所得が730ドル以下の国が49カ国に増えている。したがって，グローバリゼーションで潤うのは恵まれた限られた開発途上国で，そこには民間資本が入り，ODAも一緒に入ってくる。入らない国は，民間資本もびた一文来ないし，ODAも減ってくる。そういう現状で

すから，そのアンバランスをいかに是正していくかということを考えなくてはいけない。

　それから，難民があまりにも多く増えつつあるのは我々にとっても大きな問題なのですが，日本は難民問題ではかなり認識が甘いです。ヨーロッパは難民問題について，非常に敏感であり，現在は緒方貞子さんが，大変に努力されていますが，97年末の統計でも難民の数は2千数百万人に達し，コソボ，それから東ティモールの問題を含みますと，おそらくもっと増えていると思います。日本には，難民は来ないという気持ちがあるのでしょうが，それはわからないと思います。世界の貧困をいくらかでも緩和していくためには，やはり日本の国際協力は，物的面でも，人的面でも大きな役割を果たしていくと思います。私は国連，OECD経験を通して，日本が独自で進められる外交は国際協力の分野ではないかと思います。確かに経済協力は日本の国民にとっても大変な負担ではありますが，日本の置かれた国際的な地位は，政治的にも弱いのですから，いかにして経済協力を有効に使いながらアジアの国とも，アフリカの国とも，ラテン・アメリカの国とも協力していくか，日本のもっているカードというのは，そのような分野にあるのではないかと思います。

　いろいろお話しましたが，結論的に申しますと，これからいかにして開発途上国と西側先進国とが人口，環境，エネルギー，貧困などのグローバルな問題につき共通の価値観を持てるかが大きな問題となっています。冷戦構造が終わってしまうと，あれだけ熱心だったアメリカが，援助についてはまったく冷たくなりましたが，その前に考えないといけないのは，これからは開発途上国がどんどん開発し，工業化しようとする中で彼らは技術がないから，環境問題では大変な問題を起こしてくることは間違いないということです。我々はOECDの場でも，開発途上国に対して，先進国は今まで悪かった，環境を汚染しましたが，これからはみなさんは我々と同じようなことをやらないほうがいいと注意を喚起していかなければいけない。これから問題を起こすのはみなさんだと注意するのですが，開発途上国の中には「とんでもない，俺たちはむしろ環境汚染を歓迎する。工業化したいのだ」と反論してくるものもいます。先進国は今まで，さんざん悪いことしておいて，自分たちが工業化しようとすると，今ごろになって環境汚染するなと説教するとは許しがたいというわけです。97年の Climate

Change Convention の京都会議（COP3）でも，先進国だけが何とかCO_2の発出を抑えようという方向で合意しましたが，開発途上国はどこも入ってこない。これは大変に大きな問題です。

　その場合，やはり先進国の落ち度は，開発途上国に環境汚染を抑えるための技術移転をしないことです。この点，92年の国連のリオ地球サミットにおいて技術移転に関する取極が採択されましたが，いざそのためのファンドを作りましょうということになった時に，先進国の中では北欧しか実質的な資金を出していない。特に，この提案を持ち出したアメリカがなかなか出せない。ゴア副大統領は，環境問題では大変な権威者でありますが，実質的な資金の拠出ということになると簡単にはいかない。アメリカの企業とともに，日本の企業だってかなり抵抗があります。ただ，考えないといけないのは中国一国で，先進国全部がこれから10年間に排出するCO_2の量を排出するということです。今後，10年間で中国の環境問題をどう取り扱っていくか。これは，やはり日本も国際協力を通して大いに中国と話し合っていく必要があると思います。我々自身が困るわけですから。

　それから，人口についても，今後，中国の人口が2015年におそらく15億，インドも15億超えるかもしれません。アフリカもおそらく中国とインドと同じくらいの規模に人口が大きくなるでしょう。そうなると環境問題，それから起こってくる貧困，エイズ，難民の問題について決して我々は，傍観できないのです。今，経済協力は下火になっていますが，おそらくまた，再び経済協力の必要性が出てくる時期が間違いなく来るかと思います。その時に，日本はG7，アメリカをはじめとする先進国に対してもリーダーシップをとれるようにならなければいけない。おそらくグローバリゼーションの下で，日本がリーダーシップをとれるところはあまりないと思います。その中で，イニシアティブがとれる分野は経済協力なのです。日本も開発途上国の段階から急速に発展した国であり，特にアジアをバックにする国ですから，南北が共通の価値観をもてるように橋渡しをするのは，おそらく日本しかないといってもよいと思います。日本がこれからの国際社会で生存し，発展していくためには，経済協力を主体とした国際協力しかないと確信しております。

（10月16日講演）

対米最後通告をめぐる謎
―新たな資料の発掘で明らかになった真実―

井口武夫 国際基督教大学客員教授，元駐ニュージーランド大使

新たに発見された「帝国政府対米通牒覚書案」と米英との開戦を発表する大本営（1941年12月8日）

はじめに

　世界における日本の役割という形の市民講座のお話としては若干重苦しいお話かと思うのですが，一部の学者の方などともお話しておりましても，やはり20世紀における最大の歴史的事件の1つが，1941年12月7日の日本海軍航空隊による真珠湾の米国太平洋艦隊に対する奇襲攻撃，そして日米開戦であると思います。いま日米関係は非常に良好であり，また21世紀にも日米は非常に深い関係にたって仲良くしていかなければならないのですし，真珠湾攻撃を指揮した源田中佐も日米が悪くなることは，そのために死んだ100万の犠牲者のためにもあってはならないことだというふうにいわれております。

　そしてこの20世紀の終わりに，開戦をめぐるある国家機密という最高の外交機密のファイルが外務省の外交史料館で見つかったことは非常に重要であります。これは公開資料としてだいぶ前におろされていたのですが，これを学問的に分析するということは今までなされておらず，もしこれが28年前に外務省が外交史料館に下ろした時点で学者の方が発見し分析していれば，おそらく日米開戦外交について長年いわれていた不正確，誤解，あるいはとんでもない間違いの記述というのはでなかったのではないかと思っています。それだけ重要な資料，あるいは外交史的に重要な問題でありました。

　私は1999年2月に発見してすぐ外交史料館を利用なさる一部の言論界の方には1週間後にお話して，国際政治学会でも5月に外交史の部会でお話いたしました。6月には軍事史学会でご報告いたしまして，資料の重要性について充分ご理解いただいたわけですが，50年間あまりにも不正確あるいは歪曲した報道がなされておりますので，一部の方には聞きづらい点もあるかもしれませんが聞いていただきたいと思います。

真珠湾攻撃はだまし討ちだったか

　1941年12月7日のワシントン時間午後1時20分に日本の海軍航空隊が真珠湾に奇襲攻撃をかけました。その直前にワシントン大使館で午前8時ご

ろ真珠湾奇襲の5時間くらい前に本省から当日午後1時，すなわち真珠湾攻撃の20分前に最終覚書を出せということで訓令がくるわけです。最終覚書なるものは前の日から14通に分けて打たれまして，13通まではワシントン時間では6日中に来ているのですが，一番最後の結論部分がワシントンには12時間遅れで来るわけです。翌日の午前8時ごろ，したがって午後1時に出せという訓令と最終結論部分とがほぼ前後してくる，しかも前の晩13通ついた電報には3ヵ所ほど大きな脱落があったのです。それでタイプ浄書をし得ないで翌日まで待ち，翌朝，奥村書記官が必死になってタイプしたのですが，結局間に合わず，野村・来栖両大使がハル国務長官に最終覚書を手交したのが午後2時すぎであります。しかし覚書の意味も野村・来栖両大使は説明できないというきわめてあいまいな文言でありました。ところがその時既に真珠湾奇襲攻撃は行われていたのです。そして米国はだまし討ちと非難したということであります。

　客観的な事実はこういうことでありますが，そこで問題は，最終覚書を米側に手交するのをなぜワシントンで，しかも14通に分けて長々と発電して14通目はぎりぎりまで発電を控えて―最高の極秘電報であるから本来は解読されるべきではなかったのに，アメリカは解読していたわけですが―通告する必要があったか。なぜ14部の最後の部分が東京で発電が15時間遅れ，現地にも12時間遅れて着いたのか。そしてこの間の謎を解明する資料が今年になって発見されたというわけです。強調していえば，1998年10月に大本営機密日誌がようやく公開されて，これと外交史料館で1999年2月に発見された資料を照合しますと，非常に符合するので，その点をこれからお話します。

　今年になって発見された資料というのは，国家機密という最高の極秘指定という押印があります。国家機密というのは，日米開戦の前年の5月に国防機密保安法という法律ができたからです。それを漏らせば死刑であるという法律です。外務省もそれに応じて国家機密という特別な機密指定をいたします。それでその機密指定の文書は外務大臣が命令をして外務大臣以下特定のものだけ保管する。ですから国家機密の押印のあるこの資料は外務大臣が見て，そしてその回覧先も保管先も大臣指定であるわけです。この資料は12月3日に起案されていた帝国政府対米通牒覚書案です。

　そこでは，まさに開戦通告に該当する部分が明確に記されているのに，

対米最後通告をめぐる謎　**157**

その後きれいに削られております。要するに，12月3日の案では開戦通告が入っていた，それが5日の対米通牒案では手直しを受けて，ワシントンに通告を出す段階では綺麗に1ページ削除されております。開戦通告に該当する部分が削除されたということは開戦通告にならないということです。

外交史家あるいは外交を研究するマスコミのなかには，日本の奇襲攻撃は海軍として名誉な攻撃だったという方も多いわけですが，アメリカはそれをだまし討ちだったといいます。しかし，それは通告が1時間遅れたことがだまし討ちなのか，それとも交渉を攻撃直前まで続けるという立場をとりながら，突然交渉を止めて奇襲をかけることがだまし討ちなのか。交渉を止めるという覚書が予定どおり出されれば，攻撃の20分前でもよかったのか。それまで交渉を打ち切らずに20分前に覚書を出して，そして攻撃するというのは正当なやりかたか。さらに通告がそもそも開戦を予知させる内容だったかどうか，つまり国際法上の開戦通告であったかどうかという疑問が残るわけです。

今回の外交機密文書発見によって日本の対米通告が開戦通告ではないということがわかった。なぜならばその部分が1ページ完全に軍部の要求で削除されたからです。そしてそれを知っていた外務大臣，当時の外務省アメリカ局第一課長であった加瀬俊一さんもそれを知っていながら50年言わないのです。開戦通告ではないということを外務省の最高責任者も知っていながら，開戦通告であるということを50年言い続けたということです。しかし，曖昧な文書であっても，攻撃直前に手交されていればだまし討ちではないのではないか，ということをおっしゃりたい方もおられると思いますが，その内容が単に交渉打ち切りであり，外交関係の断絶も，開戦の予告も入っていないということであれば，直前に最終覚書を予定どおり通告したとしてもだまし討ちといわれたのではないでしょうか。

12月7日9時45分，大使館で奥村さんが必死になってタイプをしていた頃，アメリカはすでに暗号解読をしている。しかし14通目が非常にあいまいな表現であった。これをルーズベルトに渡したベアドール海軍大佐副官は，「その日本の最終覚書の結論部分には何の警報もなく，戦争への言及もなく，しかもルーズベルト自身が攻撃を予期していたことを示すような彼自身のどんな言動も示さなかった」と議会で証言しております。

ルーズベルトは翌日8日に対日宣戦布告の承認を得る際の議会の演説で，

日本は外交交渉の継続が無用になったと述べているが，その通告文が開戦通告でなく，武力攻撃の脅威ないし，そのヒントも示していないと非難しました。さらに真珠湾攻撃は何週間も前から周到に計画され，その間，日本政府は平和継続の希望表明と虚偽の言明によって意図的に米国を欺こうと企てたと非難しております。

ハル長官も日本の通告文は開戦における外交手続きのプレリミナリーズ—事前の基本的な手続き—を守っていないと，戦後になってもハルは議会で，あるいはその著書の中で日本の最終覚書の内容がまことにけしからんといって怒っているわけです。たしかに手交の遅れというのは米国のマスコミにだまし討ちの1つの説明として使われたという側面はありますが，ルーズベルトもハルも覚書の内容そのものを徹底的に非難しているわけで，たとえ20分前にあいまいな文面が手交されても内容がだましているということをいったと思います。そして50年後に発見された国家機密文書ではまさに開戦の事前通告にあたる部分が削除されていた。こういう重要な歴史的証拠が20世紀の最後の年に判明したということです。

軍部の圧力

本来の原案はどのようなものだったかというと，12月3日の国家機密の文書は外務省の山本熊一アメリカ局長が書いて，その締めくくりの文章は「米国政府は本交渉に一片の誠意の認むべきものなく，今後交渉を継続するも東亜の安定に何等寄与するところなきものと認め交渉を打切るの已む無きに至れること」といっています。ならびに「将来発生すべき一切の事態に就いては合衆国政府においてその責に任ずべきなる旨合衆国政府に厳粛に通告するものなり」と明白に述べております。これによって日本政府は日米国交調整のためそれまで真剣に続けられていた外交交渉を正式に打切るとともに，日本政府としては，こうした事態を招いた責任は米国にあり，その結果発生する一切の事態—戦争状態を含むことは外交慣例上明らかですが—についてその責めは米国が負うべしと難詰しております。だから日本政府は開戦する権利があるという趣旨がそこから読み取れ，日本の開戦の意思を相手に明確に伝えた開戦通告に相当する文言であります。

28年前に外交史料館にこのファイルが移管されていたのですが，極東裁

判の時にはこれは発見されておりません。外務省がうまく隠し覆わせたわけです。今まで生きておられる90歳を過ぎた加瀬俊一アメリカ局第一課長がようやくこの点を白状され，1999年4月18日付の読売新聞第1面で，海軍との協議中に軍事行動を示唆する文面が削られたということを認めたのです。

　これによって極東裁判で有名になった東郷外相と島田海軍大臣との論争で，島田海相が言われたことは正確ではなかったということになります。すなわち，極東裁判の論争では東郷外相が海軍から真珠湾奇襲成功のため外務省が対米通告を出さないように圧力を受けたと証言したいということを言ったら，巣鴨の刑務所内で永野軍令部総長と島田海軍大臣から口止めすべく脅迫されたということです。さらに当時の西外務次官以下の弁護団も海軍の弁護団との激しいやりとりがあったということは別に資料に書いてあります。島田海相は極東裁判で憤激して，海軍の脅迫などという言葉を使うということはまったくのでたらめであり，自分を擁護するために，烏賊が黒い墨を吐いて逃げるのと同じだと反論して，「イカ墨論争」というのがマスコミに出ました。

　結局，対米劣勢の戦力を挽回する日本海軍の起死回生の戦略として，予告をしない奇襲攻撃を海軍はやらざるを得なかった。それが成功したとも言えるのですが，やはり海軍の責任者としてそれを法廷で認めることが辛かったという点は同情すべき側面はあったかもしれません。

　大本営陸軍部戦争指導班の機密戦争日誌が平成10年10月に全文公開されて防衛研究所の図書館に所蔵されたものが解禁されましたが，そこでは11月27日の計画では大本営戦争指導班は宣戦布告は開戦の翌日だということにしています。そして12月4日の記述では「東郷外相対米最後通牒の提出を提議しきたる。軍営部不同意。参謀本部然り。外相外交打ち切りを正式表明するの要ある強調す。両総長已む無く右を容れ，武力発動直前に外交打ち切りの申し入れをなすに決す。其案文，外相に一任し，在米大使館打電の時機は陸海軍部局長において決定することに決す。」とあります。

　要するに在米大使館にいつ打つかということは陸海軍部が決定するので，外務省には決定権がない。そして外務省は最終覚書をワシントンに発電する時期を決定できないで，開戦直前ぎりぎりまで出先に最後の通告文も訓令もだせなかった。その上で，さらに陸海軍部は，一旦譲歩したはずなの

に対米最後通告を軍事作戦開始後に手交するように外務省に強圧をかけております。機密戦争日誌の12月6日の記述によると、「対米最後通牒文の交付時間に関し、作戦班は8日午後3時頃と主張せるが、」とあり、開戦の翌日に対米最後通告をだせという圧力をまだ12月6日の段階で参謀本部と軍令部は外務省にかけていた。だけれども大本営連絡会議において事前に手交する旨決定せられたから、これを変更することはできないということで、結局外務省が突っぱねた。けれども、軍令部次長と参謀次長は5日から6日の段階では連絡会議の決定はあったけれどもやはり攻撃の事後に手交を遅らせろということを外務省に圧力をかけていたという真相がこの日誌でわかるわけです。

在米大使館の混乱

結果として最終覚書は12月6日にワシントンに漸く発電されるのですが、外務省の事務処理上、驚くべき事実としてそれが至急電報ではなく、普通電報で発電したことです。電報の緊急度に関して外務省の事務処理規定では、普通、至急、大至急とあって、大至急は即日処理、至急指定もなるべく早く処理すべきで、通常は数日以内に完了する。普通指定電ですと急がないで良いという意味合いがあります。今は文書郵送では飛行機で1週間以内でどこでも送れますから、1週間よりは短い間に処理しなくてはならないものは電報で打つという場合が多いのです。郵送よりは急ぐけれども、至急処理を要しないようなものは普通指定の電報です。要するに普通電報というのはすぐ処理しなくてもよいという電報です。だから受理した大使館が、土曜日に来て普通指定だったので、12月8日の月曜日以降米国政府に手交するつもりであると考えたのは事務的常識であります。そしてまさに大本営機密日誌には12月8日に米側に通告しろといって、真珠湾奇襲攻撃の前に通告することに軍部が反対していたことが書いてあります。ですからワシントンへ電報する時期、あるいは電報の至急度の指定という事務にまで陸海軍が介入したのですから、大本営機密日誌に書いている8日に手交する主張と普通電報で6日に出したものとが一致するということです。この点は外交史家、あるいは外務省自身がもっとしっかりと研究し直す必要があるということは明らかです。

さらに最終覚書を発電する場合に，14通に分けて13通までが6日の夜までにワシントンに着くわけですが，結論の14通目がこないために何を言っているのかわからない。出先では奥村書記官が何度も14通目がこないか大使館の玄関に見に行ったと言われています。それでも14通目がこない。12時間こなかったのです。その12時間来ない間，東京では発電が15時間遅らされているのですが，それは陸海軍部の巻き返しで外務省事務レベルとの折衝が手間取ったという解釈がでてくるかもしれない。表現においても開戦通告の部分が削られているわけですが，さらに表現として微妙な手直しがあるのです。すなわち，「合衆国が現在の態度を持続する限り今後交渉を継続するも妥結に達するを得ずと認むるの外なき旨を合衆国政府に通告するのを遺憾とするものなり」との文言に改まっている。要するに，米国政府が現在の態度を持続する限り交渉しても妥結に達しません，でも現在の立場を変えれば交渉はまた再開されるかもしれないという文言になっているわけです。

　だから12月3日の案では日本政府が交渉を継続するのは不可能だから，交渉を打切り，それによって生ずる一切の責任，すなわち戦争の責任も米国にあると書いてあったのが，これが全部削られて，交渉を打ち切るということも手直しされているのです。アメリカが態度を変えればまだ交渉を継続するような余地のあるような表現が12月5日には書いてあるのです。なぜこのような不思議な手直しが行われたのかということでありますが，それは外務大臣の指示で作成された最高機密文書に「今後における対米交渉措置要領」というものがありまして，これによれば，「対米回答は今後交渉の成否の責任をアメリカ側に負わせるような表現にする，しかも交渉打切りを印象づけるが如き文言にならざるよう留意すること」と記してあります。

　だから陸海軍部と折衝して外務省が起案したものは，交渉打ち切りすらアメリカに印象づけないような文面にしろということなのです。交渉打ち切りの真意も察知されないようにして，米側に最後の通告をだせということです。5日の段階では，あと2日で真珠湾攻撃の連合艦隊は北方海域から真珠湾に近づいている。だから最後通告もできれば交渉打ち切りということを明確にいわないでくれということです。結局そういう形で英文が起案されて発電がぎりぎりまで抑えられ，その発電がさらに15時間抑えられ

るのです。

　このように最後の最後まで交渉打ち切りを印象づけないような文面にするか，もしくは交渉打ち切りをほのめかすような文章にするか，まさにどういう仕方で米側をミスリードするかということを日本政府は内部で議論したと思われる文書の証拠があります。

　もう1つ不思議なことがあります。私が朝日新聞社月刊『論座』の97年5月号に「真珠湾攻撃最終覚書，最後に一語訂正を命じた謎」と題する論文を書き，京都産業大学の須藤先生が「ハル・ノートを書いた男」というところでその問題に触れておられますが，暗号機械を破壊せよという最後の電報が出て暗号機械が壊される。ところがその1時間半後になって暗号機械で解読されなければならない訂正電を出しているのです。実際は暗号機械の即時破壊が遅れたために解読できたようです。暗号機械を破壊したあとで一語訂正極秘電報がなぜその段階で出たのか。暗号機械が壊されれば読めなかったわけです。東京に問い合わせているうちに真珠湾では爆弾の雨が降る。いまだ解明されない謎です。起案した黄田大使に直接お伺いしました処，黄田さんは「なぜあんな一語訂正を最後の段階で打たされたかは知らない。加瀬さんが外務大臣と直結し，外務大臣の命令だからこの一語訂正を出せと言われて書いたが，なんでなぜあんなものを最後の段階で打つ必要があったのか自分もいまだに不思議だ」と言われて，その1年後に亡くなられました。

　在米大使館に引き起こされた混乱というのは想像できるわけです。本省に対してあるいは軍部の圧力があったと思いますが，在米大使館はワシントンで6日土曜の夜から7日午前3時半までひたすら14通目の電報を待つ。その間に13通きているのですが，これをなぜタイプしておかなかったかが問題となる。浄書できなかったというのが真相で，3通目と10通目，11通目に大きな脱落があった。これはアメリカのマジック解読の資料で米側の作成したものに脱字が明確に出ています。日本側もそのために修正補足電報を出したことは極東裁判でも認めていますが，7日の午前3時半には接到しなかった。しかもその修正補足電報は2通とも紛失している。なぜ大きな脱落があったのか。なぜ早く現地へ補足電報を打たなかったのか。なぜ修正補足電報が外務省の資料から紛失しているかは今でも謎になっています。

ですから前の晩にタイプ浄書は規則正しく行われ得なかったわけで，奥村さんのその後書いた弁明書でも，電報には誤字脱字もあって，電信官の手書きも読みづらかったので，修正補足電報を待ってタイプ浄書しようとしたという趣旨のことが書いてあります。至急指定ではないから，日曜日に電報が全部きてからタイプして月曜日に出せばいいだろうと内心考えられたことかもしれません。普通電報の指定であればそう考えるのが事務的な常識であります。確かに本省は出先があらかじめ文書整理をしておき，米側へ提出する指示電報がきたらすぐに提出するよう用意しておくようにという電報は土曜日に打っております。しかしそれも至急指定の電報ではない。誤字脱字を補足する電報もこない以上，大使館が日曜日にタイプしておけば月曜日に米政府へ手交する命令がくるのではないかと考えるのが99％常識的であります。しかも東京では6日になってもまだ陸海軍が最後通知は8日に出せと言っているのですから，それに沿ったような電報の指定がなされたということではないかと思われるのです。

ハル・ノートへの回答文

　それから交渉打ち切りということが最終覚書では明示されていないのです。ですから交渉打ち切りという表現が最後に削られているのです。奥村書記官の英文タイプを点検したのが結城書記官といって，アメリカ局一課長の職にあった人ですが，来栖大使にお伴して，ワシントンにこられていた。加瀬第一課長の前任者ですが，当時の書記官室にいた藤田書記官がこう証言しております。結城書記官が11時半頃になって，この14通目の英文を読むから君が聞いてくれといったので聞いていたところ，結城さんは，「これでは交渉打ち切りということが明確に出ていない，望みは失われたと言っているけれども，これで交渉打ち切りという申し入れになるのか」と反問され，まだ誤字脱字があるのではないか気にした様子だったそうです。藤田さんは「交渉打ち切りという趣旨はなんとか出ているのではないか」と答えたそうです。私は藤田さんに，そのことをちゃんと雑誌に書いてほしいとお願いしたのです。そうしたら「その点について結城書記官が気にしていたことを断片的に書いても，載せてくれるところもあるまい」ということでしたが，この事実については間違いないということでした。

結城書記官が日本の最後の覚書は交渉打ち切りも正式に言っていないということで気にしていたのも，まさしく今回発見された文書によって結城さんの推測は100％正しかったということになります。交渉打ち切りという表現も最後に削られているし，陸海軍部は交渉打ち切りを印象づけないような文面にしろと外務省に言って，外務省もそれに屈してそういう案文を一生懸命考えていたということであります。ですから12月7日の最終覚書は11月26日のハルノートに対する回答文という形式をとって，その枠内にとどまったものであるのです。

　ハル・ノートは最後通告であるかということですが，ハル・ノートは交渉に関するアメリカのひとつの暫定案で，これを呑まなければ戦争などとは言っていないのです。ハル・ノートを最後通告と考えている方もいらっしゃいますが，それは，この案を呑まなければ戦争ですよと言ったら最後通告ですが，そういうことは一切言っておりません。確かに，経済制裁して，石油や屑鉄などを禁輸した上で中国からの完全撤退を要求するのですから，かなり過酷な案でありました。ただ，これを呑まなければ戦争だということは一言もいっていないので国際法上は最後通告にはならない。日本もこれを呑めないから交渉はもはや望みを失ったという表現ですが，あくまでもハルノートに対する回答文という形式をとっております。

ハーグ条約の要件を満たしていない通告文と東郷回想録

　従来，アメリカに通告しながら，コタバルからマレー作戦をした陸軍との関係で，なぜイギリス政府に通告しなかったかということが議論されております。これも今度の文書で明らかになったわけです。要するにあくまでも交渉打ち切りの最終覚書であれば，交渉していたのはアメリカだけであり，イギリスとは交渉していなかった。開戦通告であれば当然イギリスにも，事前でなくても事後でも通告しなくてはいけないということでありますが，交渉打ち切りだから，イギリスには通告する筋合いはなかった。

　東郷回想録はそこを非常に苦し紛れの自己弁明をしているのです。対米最終覚書は対米開戦通告だった。ではなぜそれをイギリスに対して出さないのかということに対して，回想録では弁明として，イギリスはアメリカの同盟国だから，イギリスに通告しなくても，アメリカに通告すれば，同

盟国のイギリスに通告したことになる。これは外務大臣としては驚くべき暴論であります。イギリスに日本大使はいるし，しかも日本にもクレーギー大使はいる。それをワシントンに訳のわからない文書を出して，イギリスにも開戦通告したことになるのだということは暴論です。外務大臣がこのような国際的にも通用しない驚くべきことを平気で最後に獄中で書かれておられる。また，そういうものを孫引きされる学者の方もその後50年，後を絶たない。これで日本の外交史はいいのか，という問題があります。

東郷外相はそう言われる過程として，開戦後在外公館に発した説明電報で，交渉打ち切り通告は開戦通告であるという立場に立った上で，「交渉打切り通告に武力行使意図を明示せざりし事は普通の事にして，右明示を期待するは寧ろ不思議と言うべし」と述べ，武力行使の意図を暗示することを拒否した軍部に迎合した姿勢で書いておられる。

ハーグ条約第１条の開戦通告の要件は，開戦通告の形式，または条件つき開戦宣言を含む最後通牒の形式を有する明瞭かつ事前の通知でなくてはいけないとなっています。事前に明瞭な形で通知しなければ，開戦通告にならないということです。だから対米最終覚書は開戦通告の条件を満たしていないということです。日露開戦の時には，日本は「最良と認める独立の行動をとる権利を保留する。帝国政府は外交関係を絶つことに決定した」ということを言っている。それから第１次大戦のドイツに対する開戦の時は，「帝国政府はその必要と認める行動をとるべきことを声明する」という，外交慣例にしたがって武力行使の可能性を伝達しました。国際法上，「その必要と認める行動をとる」というのは開戦するという意味であります。

このような明瞭な開戦通告を日露，第１次大戦では行った日本が，対米開戦ではそれをしなかったということです。ただ，真珠湾奇襲後，東大の立作太郎教授は，あの対米最後通告は交渉打ち切りを通告しただけであり，開戦通告と認めることはできないと戦争中書かれております。むしろ真珠湾に対する無警告奇襲攻撃は自衛権の発動であるという法理によるしかないということを言われております。極東裁判でも東郷弁護団はこれを援用して，自衛権の場合には事前通告が要らないのではないかということを言われております。

しかし戦後になって，米内海軍大臣は，自衛権に基づいて日本が開戦し

たという立場はとれない，そして自衛権の発動が開戦に関するハーグ条約にある規定を免除するという立場には反対であるということを戦後記録に残されております。もちろんハル・ノートというのは日本に石油と屑鉄を禁輸するということで，海軍の航空燃料があと1年か2年しかもたない—まあ1年か2年だったらまだ交渉を続けても良かったという見方もあるのですが—ことや，中国から全面撤兵という厳しい条件だったことを考えると，当時の日本としては受け入れがたいものだったわけです。とても日本の陸軍が了承するはずがない。ルーズベルトとハルがあのようなノートをあのような段階で出したということについては，もちろん日本側としていろいろ言い分はあるかと思います。ですが，外務省が戦後重光大臣のところで作成した調書でも，「対米最終覚書は戦闘の開始ないし自由行動の発動を明示しておらず，従って法律上，宣戦の通告たるの性質を具備せるものとみなすこと得ず」という結論を出して，外務省はこの問題には決着をつけようとしたのです。米内海軍大臣もおそらく同意見であった。

　ところが，東郷外務大臣が，獄中でこれに対してものすごく怒るわけです。それはそうでしょう，自分の言ったことが全部否定されるのですから。そこで彼は，回想録で，「ルーズベルトが12月6日夜にマジックの暗号解読によって13通目まで読んだら，これは戦争を意味すると言ったではないか。相手国首脳も戦争を意味するということを13通目まで読んでわかったのだから，日本の通告は法律的見地からみても充分だったのだ」と主張しておられます。この主張を，多くの東郷外相の回想録を全部正しいとしている方が，そこに隠されているものは一切探求せずに，それのみを孫引きしておられます。そういう人たちはこれで開戦通告だったのだと言っておりますが，果してそうであったのでしょうか。

　外交史的にみますと，米国議会の調査委員会で，ワシントンの米政府首脳部が13通目までを解読してどういうリアクションを示したかということを問われた海軍士官たちは，13通目までを読んだ時には，この通信に関して直ちになんらかの措置を講ずる必要はないと認めたようであると言っております。それから，マーシャル参謀総長は，ルーズベルトの「これは戦争を意味する」という発言を知っていたらどういう行動をとったかと議会で問われた際に，「それはなんとも言えない，その時の大統領が発した言葉を聞いて，なんかメッセージを発したかどうか疑わしい」と答えていま

す。大統領がそういっても自分がさらに出先にメッセージを発したかどうかは疑わしい，要するに13通目まではそんな緊急事態はなにも書いていないということであります。スターク海軍作戦部長も，「日曜の朝に13通目までを読んでも，自分はその中にこれ以上の行動を私にとらせるようなものはなにも発見しなかった」と言っております。

　マーシャル，スタークという陸海軍の最高首脳は，13通目までの覚書を開戦通告的なものとは考えていなかったということを議会で証言しているのです。この議会の証言は分厚いものでICUの図書館にもありますが，訳されている5人の方の1人が実松中佐なのです。ですから，アメリカの陸海軍のそういうリアクションを知りながら，実松さんはその後ずいぶん軌道が外れたことを言われている。米陸海軍の首脳は，最終覚書の14通目を解読した後に，これを開戦通告とみて太平洋地域の米軍に非常事態を通達すべきだったかどうかという質問を受けていますが，14通目の文面をみても，マーシャルもスタークもそれ自体緊急事態だと思っていなかった。ただ，マーシャルもスタークも，午後1時に通告文を手交せよという電報の方を重視したと証言しております。むしろ午後1時に渡せという電報であるから，これは1時に日本が何か行動を起こすかもしれないと思ったのだと言っている。だけれども日本軍の矛先がどこに向けられるかはわからないので，ハワイ，フィリピンに警告の電報はしたが，ハワイの陸海軍司令部に直接電話する緊急事態とは考えなかったということであります。修正主義者はルーズベルトがハワイに日本艦隊が近づいたことを知りながら，意図的にハワイに知らせなかったのではないかということを言われますが，これを確証する資料は今日に至るまで明白にはなっておりません。

外務省の説明責任

　ですから，民主主義国家のアメリカが，大統領が「これは戦争になるかもしれない」と思っても，政府と軍全体としての状況反応からすれば，日本の最終覚書は開戦通告だと米側がみなしたとの東郷外相，加瀬課長の見解はむしろ国際法と外交史からみて不正確であるということであります。国際法上，外交慣例上は，覚書は特定の国家の意思決定について誤解を生まないように正式に相手国に通報するものであればあるほど，明確に政府

の意思を理解させなければならないわけであります。だから米国大統領が，日本の最終覚書は罠であり，武力行使のヒントをほのめかしていないけれども怪しいと疑っていたから，正に米国を偽ったことにはならないと主張するのは非常に手前勝手な，日本外交の最高責任者としては無責任な言い分であると思うわけであります。軍部の意向に逆らうことが非常に至難な極限状況におかれたのであれば，戦後むしろそれを素直に回想録において認めるべきだったのです。

　そして50年間，一番重要な外交文書の原案を大臣が決裁して，外務省の資料として残しておりながら，それを知る関係者がそれについて何も語らずに故意に全部隠していたという責任は，やはり外交史の観点からはきわめて重大であると言わざるを得ません。

　山本連合艦隊司令長官は事前通告論者であったということは海軍史家の言うとおりだと思います。私の祖父も新潟で山本元帥とは非常に交友がありました。祖父は貴族院議員をしておりましたが，私が小学生のときに，山本五十六海軍次官を海軍省に尋ねて，日中戦争の拡大に反対して中国からの一刻も早い撤兵をと説いたのに対して，山本海軍次官は，自分も一刻も早く中国から撤兵すべきだと考えていると言われ，私の祖父は大変感銘を受けたと語っておりました。しかし開戦当初の島田海相や永野軍令部総長は事前通告を必要とするように考えていなかったと思われ，連合艦隊の参謀長の宇垣中将も「寝込みを襲うも卑怯ならず」ということを言われております。ですから，戦後海軍関係者が山本五十六元帥の事前通告の主張を引用して，海軍は事前通告をしたうえで堂々と真珠湾を奇襲したかったと言われる方もおられますが，今度の外務省の資料や機密戦争日誌によって否定されます。

　海軍関係者の言われた弁明は，名誉というものを非常に重んじたとはいえ，歴史上の真実としては歪曲があると言わざるを得ません。日本政府は対米交渉打ち切り通告を真珠湾攻撃の30分前にワシントンで国務省に手交しようと最終段階では考えたわけでありますが，それは米国政府が至急協議して，ハワイの太平洋艦隊や空軍基地に警告を発しても，絶対間に合わないと綿密に計算した結果であるということも推定できます。あの長文かつ曖昧なものを読むだけでも２，30分かかるわけであります。だから，あの暗号が解読されないで，野村，来栖大使がハルと質疑応答しているうち

に真珠湾には爆弾の雨が降るというシナリオであれば，それはだまし討ちのシナリオと言われてもしかたないのではないかと思うわけです。日本人の心情として，私個人にとってもそのようなことをいうことは非常に辛いことではありますが，1次資料の語る歴史の真実はやはりそういうところにあるのではないでしょうか。

最後通告を東京で行えなかった理由

　一部の方が最後の電報は開戦意図を通告する簡単なものにしてそれを至急米国に渡せと言えばよかったというのですが，なぜそれをしなかったのでしょう。むしろ覚書を渡してもなお交渉を完全には打ち切っていないかもしれないと米側をミスリードして混乱させる状況においておくのが日本政府の真意であれば，正式な開戦通告を明確にぎりぎりのタイミングで提示するという選択はなかったのです。
　できれば本来私は，外務大臣が東京でグルー大使に攻撃直前に言えばよかったと思うのです。軍部が開戦通告に反対でそれがどうしてもできないのであれば，あの最終覚書を大使に正確に開戦の30分前に通告すれば，交渉打ち切りの事前通告だけではありますが，ぎりぎり間に合ったのです。だがなぜそうしなかったのかということでありますが，あの曖昧なノートをグルー大使のところに外務大臣が出したら，大使からから当然「交渉する望みがないということはどういうことですか」と質問を受けるわけです。交渉を打ち切るのだとまでは言えるでしょう。しかし「外交関係を断絶するのですか」と聞かれたときにはおそらく答えられないのです。それ以上言ってはいけないのですから。「開戦するのではないでしょうね」と聞かれた時には，「いや開戦する意図はありません」と嘘をつかなくてはいけないのです。嘘を言わなければ陸海軍は外務大臣だろうと処刑するでしょう。外務大臣は嘘をつきたくないから，グルー大使にあのノートを東京で出せなかった。それで出先の野村，来栖大使に嘘をつかせ，そして来栖さんは今でも嘘つきだと言われている，これはひどいシナリオではないかと思います。
　そういう意味で外務本省は一方で軍部に抵抗したとはいえ，他方で軍部の要求に屈して奇襲攻撃の協力をさせられたわけです。それを在米大使館

のタイプミスとか電信官の日曜朝出勤するのが1時間遅れたからなどと事実を歪曲矮小化して，過去50年間歴史の真実というものの究明を当時の本省や海軍関係者はむしろ妨げたのではないでしょうか。

おわりに

今後，1999年に発見された外交資料，あるいは1998年出版された大本営機密日誌によって，必ず本件に関する日本の外交史の研究が前進するであろうと祈っている次第です。こういうお話は，日本がこれから世界にどう貢献するかという問題ではありませんが，世界の外交史研究に貢献できます。20世紀の最後に，歴史の正確な解明をして国際的に発表することも日本の学者，マスコミ，あるいは外務省，あるいは防衛大学の責任ではないかということを，私も学者のひとりとして思うわけです。

(10月23日講演)

アジアの経済統合は可能か
―21世紀日本外交の挑戦―

柿沢弘治 衆議院議員，元外務大臣

日韓外相会談――握手する柿沢外相（右側）と韓昇洲韓国外相（1994年6月11日）

はじめに

　今日は国際基督教大学の学園祭にお招きいただいて大変光栄に思っています。
　ご承知のとおり私は4月の東京都知事選挙に立候補いたしました。フランスでは国会議員のポストを維持したまま地方の市長選，知事選に出られるものですから，フランスの仲間からは「柿沢さん，知事選で破れたけれども国会議員のポストは持っているんだろう？」と言われるんです。ところが日本はその点厳しく，事前に辞職をしないと出られません。ですから石原慎太郎さんが突然出てきたおかげで，私と鳩山邦夫さんが両方とも国会議員の職を失うことになりまして，今そういう意味では世間流行りの「高齢失業」です。
　今日のテーマは，「アジアの経済統合は可能か」です。これは日本の外交にとって，また日本の社会にとって，1970年から80年にかけ，いわば戦後の復興を成し遂げて以来の最大の課題ではなかったかと思います。またこれからも最大の課題であろうと思います。それでありながら「アジアの経済統合は可能か」という問いに対して，可能であるということを日本の外交当局者は1人も言っておりません。むしろアジアはヨーロッパに比べて非常に多様で異質な国の集まりだから難しい，「不可能とまでは言わないけれども困難だ」という答えをする人が多いのです。たぶん，7割ぐらいはそうだと思います。
　私は国会議員になりましてから，本来は大蔵省の出身ですから財政金融が得意の分野なんですが，国会議員で外交をやる人がいない。外交をやってもあまり選挙の足しになりません。海外ばっかり行っていて，その度に結婚式に欠席したりお通夜に出られなかったりで「柿沢さん，そんなことではもう地元で応援しないよ」と言われるんです。外交をやるのはハンディキャップを背負って選挙を戦うことになりますので，なかなかやる人がいなかったのです。それでも，私はそちらの方に特化をして仕事をしてきたつもりです。その中で目指してきたのは，アジアの経済的な統合，そして政治的な協力関係，長期的には安全保障も含めた協力体制をどうやって強化していくかということでした。

石原慎太郎さんのことを言うと，負け惜しみと思われるかもしれませんが，石原さんが横田基地を返せと，アメリカの言いなりになるなと言っても，アジアとの間で相互信頼関係を作っていない日本がアメリカに喧嘩を売って一体どうなるんでしょうか。やはりアメリカとの信頼関係も大事ですし，それを維持しながら，アジアの経済統合をしていくという立場に立たなければいけない。アジアの経済統合なりアジアの協力関係が強化されれば，日本としてもアメリカに対して発言権が強まるわけですから，その点は切り離して考えることはできない問題だと思います。その点でも，この問題に対してこれからの日本を背負って立つ皆様方に情熱を持って取り組んでいただきたいということで，あえてこのチャレンジングなテーマを選んだということでございます。

欧州統合のプロセスに学ぶ

　私の願望の根底には，私が40年近く欧州の統合のプロセスを身近に見てきたということが関係しています。大蔵省に入ったのは1958年ですが，そこでフランス政府の留学試験を受けまして1964年にフランスに行きました。大蔵省で1年間研修をさせてもらったのですが，その時の大蔵大臣は，まだ大統領になる前のジスカールデスタンでした。そしてその時ヨーロッパで一番売れていた本がジャン・ジャック・セルヴァン＝シュライバーの"デフィー・アメリカン＝アメリカの挑戦"〔Jean-Jacques Servan-Schreiber, *Le Défi américain,* (Denoel, 1967)〕でした。このデフィー・アメリカンというのは，英語に訳せばアメリカン・チャレンジということになるんだと思いますが，このままいったらヨーロッパはアメリカに飲み込まれてしまう。そのアメリカの挑戦に対してヨーロッパがどう応えていくかという内容の本でした。私はその状況を1960年代から見守ってきました。そして一度日本へ戻ってきたのですが，またブラッセルへ赴任をすることになりました。1967年から71年まで，まさに欧州統合の中心で欧州統合に向けての活動を見守ってきました。今年の1月にはユーロが誕生しました。これについても，賛否両論，スケプチシズム（skepticism），懐疑主義的な見方もありました。けれども，私は「ユーロは1日にして成らず」，もう30年から50年の欧州統合に向けてのさまざまな努力，強い政治的な意志に支えられてい

るので，そう簡単に崩壊することはないと言い続けてきました。

　今回もフィレンツェで欧州通貨，ユーロ創立の中心人物の1人であったフランス人のセルギイという欧州議会議員に会ったのですが，本当にあなた方の努力が一歩前へ進んだねと，成功したとは言いませんでしたが，一歩前へ進んだねと言ってきました。ですからアジアのこれからの経済協力関係とか通貨統合とかを考える場合にも，決して3年とか5年というような短い期間で考えてはいけないのです。

　欧州共同体は，シューマン・プラン，石炭とか鉄鋼の共同体から始まったわけです。それに原子力の共同機関ユーラトムが加わった。そこから数えればすでに50年の経験を経ている。その50年の経験の積み重ねで初めて，シングル・マーケットとシングル・カレンシーができたのです。けれども，まだ完全に定着したとはいえない。

　その意味ではこれから私たちが始めようと努力して，アジアにおける経済統合がシングル・カレンシーとかシングル・マーケットに至るまでに50年かかると考えないといけない。つまり，2050年を目指した作業だということを念頭に置かないといけない。日本人はせっかちですから，2，3年単位で，できるかできないかという議論ばかりしている。私は，50年後を目指したヴィジョンを持ち，その50年の間は意欲的に努力をしていかなければならないと思っています。新しいミレニアムを迎えるにあたって，改めて日本の外交の一番大きな課題は何なのか真剣に考えるべきです。私は，アジアの協力関係の強化，できればアジア共同体を作る，ということを念頭に置いて行動したいと思っています。

　もちろんそれはアメリカを排除するというものではありません。アジア・太平洋経済協力会議（APEC）というものもあります。APECはアジアは「オープン・リージョナリズム」という理念を掲げているわけです。太平洋の向こう側のアメリカ，カナダという国々に対しても門戸を広げていくことが大事だと思います。

　北米には，すでにカナダとアメリカとメキシコとの間で北米自由貿易地域（NAFTA）ができているのです。ですから，アジアに自由貿易地域を作ろうとか，アジア通貨基金を作ろうとすることにアメリカが反対するのはおかしな話なんです。

　私はアジア・太平洋という大きな傘を掲げてもいいですが，北米は北米

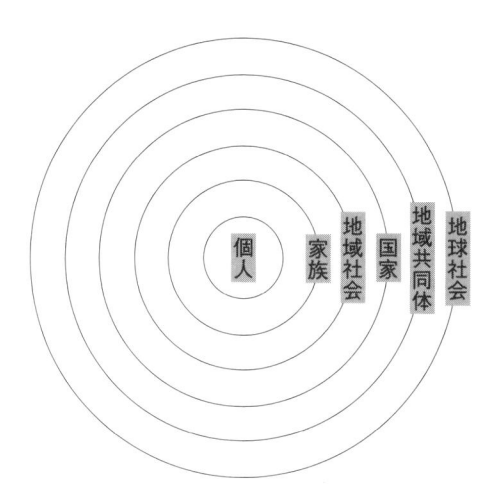

（図：同心円　個人／家族／地域社会／国家／地域共同体／地球社会）

—で1つのグループができる。同じようにアジアで1つの共同体ができる。そしてそれらがアジア・大平洋という形で結ばれていくことが私たちの大きな夢ではないかと思います。ヨーロッパとアメリカとの関係を考えても，まさにヨーロッパとアメリカの関係はそのようになっており，EUの統合がどんどん進んでいます。

この間のコソボの問題，ユーゴスラビア問題の対応を見てもわかりますように，いざ安全保障の問題になれば欧州共同体だけでは軍事行動に移せないわけで，結局NATOという傘の中で行動することになる。NATOというのは何かといえば文字どおり北大西洋同盟ですから，そういう意味では北大西洋というのが1つの傘になっている。しかしそれは欧州の統合を妨げるものではない。その意味では北大西洋にあたるものは，日本でいえば北太平洋。オーストラリア，ニュージーランドまで入れて環太平洋でもいい。その「環太平洋」が大きな傘になって，その中に北米・南米それからASEAN，そして北東アジアというグルーピングでこれからの新しい国際的な枠組みを作っていく。そうしたグランド・デザインを打ち立てていくことが大事なのではないかと思っているのです。

新しい国際社会の構築— 6つの同心円

私はこれからの新しい国際社会を考える時に6つの同心円を描いている

のです。グローバリゼーションというけれども，グローバリゼーションのなかで問題になるのは，ネーション・ステートといわれる民族国家とグローバル・コミュニティとの間でどう権限を分け合うかということなのです。

たとえば人権の問題では国家主権を越えて国連やNGOが介入できる，という考え方が徐々に定着しつつあります。中国などはそれに対して反発をしている。そういう意味で国家と国際社会が直接対峙したようになっていますが，私は長いヨーロッパの経験から見てそんな単純なものではない，もっともっと複雑だと思っている。これからの国際社会を考える場合，個人とその集合体としての国家，国連などがどのように整序され，どのような形で個人と集団を律していくか，その調和が大事だと思うのです。誰しも自分自身，つまり，個人が一番大事です。セキュリティという問題でも，数年前まではセキュリティといえばナショナル・セキュリティ（国家安全保障）のことを指していたわけですが，最近はヒューマン・セキュリティという形で個人の安全保障―人間の安全保障―ということが言われています。そしてその周りには，家族という集団があるのです。

今度の介護保険で話題になっているのは，介護をしている家族に対して給付金を払うか払わないかということです。家族の介護をお金に換算するのはおかしいという議論と，家族で介護している場合にそのサービスが経済的に評価されないのはおかしいという議論があります。この180度違う議論がぶつかって，非常に混乱しています。だから家族に介護の給付金を出すと選挙目当ての金のバラまきだろうというような言われ方をします。けれども，個人と家族がこれからどう関わり合っていくのか。戦後日本社会で家族が崩壊してきている。その崩壊している家族をどう立て直していくか。これは，これからの国際社会のありかたとも絡む大きな問題だろうと思います。

それからその周りに，地域社会というものを考えなければいけないと思うのです。今度の介護保険を例にとると，国が画一的な保険制度を作りましたが，実施主体は地域社会です。東京の場合でいえば，区，市，町村がやることになるわけです。その意味では個人と地域社会がどのような関係を結んでいくのか，そのなかで家族というものをどう評価するのか。この地域社会と家族との役割分担の不明確さが，今の介護保険制度の議論を非常にわかりにくいものにしている。その点からも地域社会の再構築が非常

に大事になってくるだろうと思います。
　その地域社会の外側に国家がある。ともすれば，今まではイデオロギー的に国家対個人の関係が議論されてきました。けれども，私は裸の個人と裸の国家がぶつかり合うのではなくて，個人の周辺に家族があり地域社会がある。その上で国家と地域社会との権限の再配分をしていく。それがこれからの民主的な，また安定した国家づくり，社会づくりのために非常に重要だと思う。同じ線の太さでこの同心円を描いていますけれども，今まで国家は過大な責任を負い過ぎていた。地域社会との関係でいえば，地方分権という形で国家に集中していた権限を地域社会にできるだけ配分していく必要がある。これは日本のようなホモジーニアス（homogeneous）な社会だけを考えているとこの重要性がわかりません。
　この間，日本とイスラエルの学者同士の「知的対話」に参加したのです。イスラエルの人たちはパレスチナ国家ができるのはやむを得ないことだと思っている。しかし，たとえパレスチナ国家ができたとしても，現在あるイスラエル国家の領域の中にパレスチナ人が残ることは間違いない。これを全部，民族浄化（エスニック・クレンジング）で追い出すわけにはいかない。そういう意味で，国家や地域社会の中で，イスラエル人とパレスチナ人がどう平和的に共存するかという問題は残る。これは国家という形で統一するわけにはいかない，地域社会でなければいけないのです。
　ヨーロッパの経験で私たちが非常に興味深く思うのは，1950年代から60年代，70年代，80年代と欧州の統合が進んでいく過程で，欧州国家の解体が進んできたことです。私が住んでいたベルギーでは，ワロンというフランス語を使う民族と，フラマンというオランダ語を使う民族とがいつも言語紛争をくり返しておりました。60年代は毎年1回や2回は暴動になって何人かの死者を出していたのです。ベルギーのような関東平野ぐらいの小国でも死者を出すような民族紛争があるのです。フランスにもバスクの独立運動とか，ブルターニュやノルマンディの独立運動などがあります。スペインにも同じように分離独立運動があります。ユーゴスラビアはついにバラバラになってしまいました。それから，チェコスロバキアは平和的に離婚して，チェコとスロバキアになってしまった。
　このように国家が解体していく中で，国家をおおう形でEUのような地域共同体ができている。ヨーロッパはこのような作業を，この50年かけて

やってきているわけです。ド・ゴールのように国家主権を欧州共同体に譲り渡すわけにはいかないというゴーリスト的な考え方もありましたが，結局は国家の境界を低めながら，欧州共同体に進んでいる。そして単一市場になり，荷物も自由に行き来します。

しかし，問題もいろいろあるのです。たとえば，ドラッグの中にもソフトドラッグとハードドラッグとがありますが，オランダではマリファナなどはガソリンスタンドで売っている。ところが，隣のベルギーはまだ規制している。そうすると，国境を越えてオランダから入ったマリファナは，ヨーロッパ中に自由流通になってしまう。だから，もう少しオランダの方で規制を強めてもらわなければ困る。そういう社会問題はありますけれども，とりあえず，とにかく自由化という方向で進んでいるわけです。

ですから，地域共同体—これは今のところ本当の意味で地域共同体と言えるのはEUしかないと思うのですが—EUが強化されることで国家のバリアーが段々下がってくる。同時に，国家の中にあった民族紛争が，自治権の拡大や民族国家の分裂，デカップリング（decoupling）という形で解決していく。統合と解体が，同時に進んでいったのがヨーロッパの戦後の歴史です。この地域共同体があって，その外に，今度は地球共同体というか地球社会というのがある。こういう同心円構造を，これからいかに上手に作っていくかが人類の課題だろうと思います。

調和のとれた地球共同体のための地域グルーピング

国際社会で政治的に大きな役割を果たしているのは国連です。その他に国際通貨基金やWTOもあります。日本では，ともすれば国連や国際機関と直で対峙するようなことになる。しかし，ヨーロッパの場合には欧州共同体（EU）があって，それぞれのナショナルインタレストが，一度欧州共同体の中で調整されて，国際社会の場に持ち出される。これからシアトルでWTOの交渉が行われることになっていますが，もう欧州諸国は国家としては出てこない。EUがアメリカや日本の交渉相手として出てくる。アメリカとEUは，EUのほうが人口でいえば多いのです。3億から4億，将来は5億になるだろうといわれています。アメリカは2億です。ですから，国際的に使われている量はドルの方が多いのですが，単一通貨として

もUSドルよりユーロの方が実は全体としては大きくなり交渉力が出てくるのです。

　その中で，日本の1億2千万人という数は中途半端なんですね。1ヵ国としてはアメリカやヨーロッパに対等にならない。しかも，アジアの中で，中国の13億，インドの10億に対抗できない。アジアにおける共同体作りは，欧州における共同体作りより難しいと思います。けれども，何らかの形のグルーピングをしていくことは，調和のとれた同心円構造を作っていく上で大事な課題ではないかと思います。その場合，日本としての選択は，いくつかある。

　一番狭いグルーピングとしては「北東アジア共同体」があります。日本，韓国と北朝鮮を含みますが，ロシアや中国も入るかもしれません。台湾をどう位置付けるか問題です。アメリカの存在も無視できない。北朝鮮を議論する時はいつも米朝でやっていて，それに韓国が入るという形で話が進んでいるのです。私は日本抜きで北朝鮮問題を解決しようとするのはおかしいし，また日本の国益にならないので，ぜひ日本を入れてほしいと言い続けてきました。外務大臣の時にも韓国や中国を訪問して，何とか北東アジアに2プラス4という仕組みができないだろうかと提案してきました。それが最近になって，少しずつこの北東アジアの安全保障体制，「北東アジア非核地域構想」などいろいろな提案が出るようになりました。2プラス4というのは朝鮮半島の2つの国と日本，アメリカ，ロシア，中国です。この2プラス4という仕組で北東アジアの問題を考えるべきではないかと思うのです。

　その他に，長い間マレーシアのマハティールが唱えている「東アジア共同体」構想があります。これはASEAN10ヵ国に日，韓，中を入れる。これが東アジア共同体になります。北朝鮮をどうするか，台湾をどうするか，といった問題があります。これよりも広い，インド亜大陸を含む「アジア共同体」となれば，なかなか実現不可能だと思います。

　インド，パキスタン，スリランカなど南アジアの国をどうするか。さらに広げると，太平洋を挟んだ「アジア・大平洋共同体」という括り方があるだろうと思うのです。その場合には，アメリカ，カナダ，メキシコ，それから中南米の国が入ります。私は中曽根さんと一緒に「アジア・太平洋国会議員会議」というのをつくって10年間活動してまいりました。中南米

でもコロンビア、ペルーまで入れてやっております。エルニーニョ問題とか地球環境問題を議論すると、やはり南アメリカ、中南米の気候変動とアジアの気候変動とが非常に関連している。そういう意味で、やはり地球社会の一員として、また地域共同体の一員として、これも大事なグルーピングだと思って努力をしてきました。

統合に向けての課題

　少し概論的に申し上げましたけれども、それではその中で具体的に何ができるのか。1つは貿易問題で、貿易に関する障壁の引き下げ、それによって欧州単一市場に匹敵するような「アジア共同市場」ができないだろうか、ということです。

　今、中国はWTO体制に入っておりません。また、中国と日本の間で共同市場を作るというのは必ずしもそう簡単なことではない。ASEAN10はだんだん共同市場化しておりますが、そのように北東アジアでも何かできないだろうか。私は「日韓貿易自由協定」というものを作ってみたらどうかと、ここ数年提案しています。これにはいろいろ問題もあります。韓国が戦前の歴史認識の問題を持ち出して容易に協力はしないだろうとか、農業問題で日本の方で反対があるだろうとか、いろんなことがあります。それでも経済の発展段階、地理的な近さ、そして文化の相似性―もちろん違うと強調する方もいますけども―を考えますと、一番似ている両国で日韓自由貿易協定を考えてみたらいいのではないか。最近、韓国に駐在している小倉大使もそういうことを言い始めております。なんとか前に進めたらいいのではないかと思います。本当はそれに台湾が加わって日韓台で共同市場を作れば理想的だと思います。しかし、これについては中国の猛烈な反発を予想せざるを得ません。2000年、台湾は総統選挙を迎え、新しい総統の下で中国がどういう台湾政策をとってくるか、その辺を注目しながら、できれば日韓台共同市場に向かって進んでいけたらいいと思っております。台湾問題はデリケートな問題ですが、決して前向きに努力することが不可能な課題ではありません。

　一方では、「日米共同市場」という構想もあります。私は日米よりも日韓が先だ、と思っております。

それから，通貨の問題です。1997年にアジア通貨危機が起こり，IMFが介入をしました。もちろんIMFのアジアに対する介入は，経済構造の弱いところを是正するとか，それから政治家が介入した不公正な経済活動が多すぎた点を是正するには効果があったと思います。しかし，あの外貨がザーッと引き上げていった後，経済調整と称して縮小均衡を図ったことが，逆にアジアの経済危機を深刻化させてしまった。その結果，IMFのカムドシュ専務理事をはじめとする連中にはアジアの実体がわかってないという批判がアジアから大きく出たわけです。

　その時，日本はアジアの通貨の協力機構を作ろうということで，「エイジアン・マネタリー・ファンド（AMF）」というのを提案したわけです。これはIMFだけではなくアメリカからも猛反発を受け，2年前には引っ込めました。しかし，この2年間の推移を見ると，IMFがアジアの危機に陥った国に充分な協力ができたかといえば，IMFはロシアの通貨危機も救わなくてはいけない，メキシコもブラジルも助けなくてはいけない。アジアにだけ金を注ぎ込むファシリティーがない。結局は，新宮沢構想により日本が300億ドルのお金を注ぎ込んでアジアの通貨危機を救っているのです。ですから，実体を知っている人は，事実上アジアの通貨危機を救ったのは日本だということはわかっているのです。しかし，依然としてそれに反対する人もいます。最近では，アジアの通貨協力の仕組みを作ろうという動きに対して，アメリカもIMFもかつてほど強い反対を示さなくなってきています。

　エイジアン・マネタリー・ファンドといいますと，IMFに対抗する地域機関を作ろうということでダメで，AMFのFをフレームワークとかにしてしまえば，「アジア通貨協力機構」ということでやれるのではないか。大蔵省もこの問題にチャレンジしようとしている。私も絶対やるべきだと思います。

　考えてみてください。世界の貿易は今，だいたい1年間で5兆ドルと言われています。貿易外収支のいろんな取り引きを入れても，実体経済の取引量は1年間で10兆ドルと言われています。ところが，ヘッジファンドとか，ジョージ・ソロスなどが使っているお金は，アメリカが毎年赤字を生みながら垂れ流していくものですから，ドルが世界中にあり余って400兆ドルと言われてるんですね。ですから，5兆ドルないし10兆ドルの実体経

済に対して400兆ドルの投機資金があると言ってもいいでしょう。短期的にデリバティブのような形で利益を稼ごうとするものが400兆ドルあるんですから対抗できるはずがない。日本のように大きな経済であっても300兆円とか400兆円で，GDPをドルに直しても3兆ドルくらいです。ましてやタイやシンガポール，フィリピンの経済が自由化した場合に，1ヵ国でこの投機資金と対抗しようと思っても，投機家の餌食になることは間違いない。やはり，この400兆ドルにどういう形で対抗していくかということを考えなくてはいけない。そういう意味ではヨーロッパがユーロという単一通貨を作って，事実上ヨーロッパ通貨は固定相場制になったわけです。フランとマルクの間は固定相場になっている。

今までは，この400兆ドルのスペキュレーションのお金は，まず弱いとこから，たとえばリラをアタックしてやろうとするのです。リラが下がってくると，次はフランだ，マルクだといって個別撃破でやって来た。それが今や各国通貨は固定相場になりましたから攻撃できない。攻撃する時はユーロを攻撃しなければならない。そうするとユーロはドルに比べて30%ぐらいのシェアを持っていますから，そう簡単ではない。つまり，スペキュレーションに対する防壁としてもユーロは効果的になっている。いつまで日本は孤立してこの400兆ドル——これはもうどんどん増えていくでしょうから500兆ドルぐらいになるかもしれません——これに対抗できるのか。ましてやアジアの中小途上国は対抗できるのか。

アジア通貨構想とそのプロセス

私は今や国際金融制度を見直さなくてはいけないし，その中で地域的な金融の協力機構が，これからのアジアのエマージング・マーケット（emerging market）のためにも必要なことで，そのために日本はやはり地域の最先進国として汗をかく必要があると思っています。「円の国際化」ということが最近よく言われています。私はもう十何年言ってきたのですが，大蔵省が嫌がってやらなかったことなんです。今度の通貨危機を見て，やっと「円の国際化をしなくてはいけない」，「ドルとユーロと円と三極体制で世界の国際通貨制度を支えていくんだ」と言い始めました。しかし，私は円をいくら国際化したからといってドルとユーロに対抗できるような

三極体制にはならない,それでは弱すぎる,小さすぎると思っております。ですから,円の国際化ではなくて,アジア通貨というものに向かって構想を練っていき,そのなかで円はユーロでマルクが果たしたような基軸通貨の役割を果たしていくと定義づけないといけない。円を国際化してユーロやドルに対抗しようとすることは非現実的な構想であります。そういうことを言うとアジア通貨の方がもっと非現実的だと言われると思います。けれども,そうでなければヨーロッパの統合,ヨーロッパの通貨の統一化,それがいかにしてドルの一極支配を防ぐかという欧州の知恵を学び取っていないことになると思います。

　ヨーロッパ通貨の統一の前に「ユーロピアン・マネタリー・システム(EMS)」というのがありました。これは欧州通貨の変動の幅をスネークという前後5％のところで抑えて,できるだけ為替変動の幅を通貨間で減らしていこうという仕組みです。これにならって「エイジアン・マネタリー・システム(AMS)」というものを作っていったらどうか。みんなそれは大変だと言いますが,アルファベット1つEからAに変えればいいんですから簡単なんです。

　それから欧州ではユーロを作る前に「ECU」というのを作りました。ユーロピアン・カレンシー・ユニットというのを作って,ECU建てで国債とか債券を発行するのです。これは欧州通貨のバスケットなんですが,いわば固定制度に近いもので,為替変動があった場合にはその変動幅は投資家も半分負担しましょうということなんですね。これもEをAに変えたらいい。「エイジアン・カレンシー・ユニット(ACU)」というのを作って,たとえば円が70％ないし50％,中国の人民元が20％,マレーシアの通貨が何％,タイの通貨が幾らという割り合いで,カレンシー・ユニットを人為的に作って,まず最初にアジア開発銀行の債券は「ACU建て」にする。ACU建てといっても「永久」に返さなくていいわけではないんで,発音が同じだけというわけですけれども,ADB債をACU建てにするということが私はいいのではないかと思います。このアジア開発銀行が,USドルで債券を出しているなんていうのはおかしいんです。

　それから日本の円借款もACU建てにする。これは大蔵省が大反対しますけれども。私が外務政務次官の時に中国やタイからさんざん文句を言われたのは,「円借款は高利貸だ」と言うんです。金利は3％で割安です。

アジアの経済統合は可能か | **185**

ところが私が政務次官の1990年の頃，1ドル360円の時に借りたものが1ドル100円前後になっている。そうすると利息は安くても元本の方が，ですから3.6倍返さなければならない。ドル建てで資材を調達してダムや橋を作ったものが，元本が3.6倍になっている。返却額も借りた時の3.6倍。だから高利貸だと。何とか為替差額の分を日本も負担してくれと言われたわけです。私はこういう時は痛み分けで，半分ずつ為替の差損を分け合おうじゃないかと言ったのです。ところが，大蔵省は「とんでもない。あくまで円で貸してるのであって，何もそのドルに変えて使えと言っているのではないのだから，円でビタ一文負けるわけにはいきません」と言うのです。ですから，それだったら円借款をACU借款にしたらいいのではないか。最初からバスケットを決めておいて，あんたの方の通貨が安くなったらあんたの方の責任だよと。円が高くなった時はその高くなった分は私たちが負担してあげましょうとすればいいんですね。為替の差額を全部日本が負担すると，借りた方がルーズマネーというか無茶苦茶な経済政策をやってどんどん通貨が下がっていくことがあります。けれども，ACU建てにしてタイのバーツや，中国の元も入れてあれば，あなたの通貨が下がっていく時はあなたの責任で返してください，日本の円が上がってる分は日本が負担しますとすればいいのです。そうすれば，円借款が高利貸だと言われないで済むし，お互いにシェアをしてみんなで経済政策のディシプリン（規律）を守りながら，元本の変動を減らしていこうということになる。そこに自ずからアジア諸国の経済政策の調整のための連帯感が生まれてくる。

　ヨーロッパを見ていても，「まず経済政策の調整をして財政政策を調整し，調整が終わったら単一通貨ができるはずだからそっちが先だ」という議論もありました。それに対して，「理屈の上ではそうだけれども現実はそうじゃない」という反論もありました。単一通貨という形でタガを締めることで，イタリアのような放漫財政の国であっても，今や日本より財政赤字は少なくなっている。つまりユーロの中に留まろうと思ったら，自ずから自分の経済政策を健全にしていかなくてはならないのです。

　フランスでは，最近労働時間を減らそうという動きがあります。社会保障の水準を上げようという動きもあります。けれども，そんなことをしたらユーロの中でのフランスのフランがどんどん下がっていき，ユーロから

はみ出さざるを得なくなる。そこは労働組合も我慢してくださいという形でユーロが1つの外圧になっているのです。日本のようななんでもありの「小渕財政」というくらいばら撒き財政にならないで済んでいるのは、ユーロというタガがはまっているからなのです。日本は今や変動相場制ですから、いくらお金を使っても円が下がるだけの話で、「円が下がれば輸出が増えるからいいではないか」という、むしろ円高は悪いことで円安はいいことだとなっていますけれども、これはまったく経済政策のディシプリン（規律）を失わせることで、決して健全な状態ではありません。その意味でもアジア諸国の間で通貨調整や経済政策の調整をできる限り緊密にしていくことが必要です。

　手を打っていかなければならない。日本と韓国が連帯感を強めていく中で北朝鮮を受け入れる場合には、私は比較的スムーズにいくと思います。欧州共同体の中に西ドイツが入っていて、そこへ東ドイツが入ってくるということで、その財政的経済的負担も、また東西ドイツが再統一し強大化することに対するフランスなどの恐怖感も薄めることができた。そういう意味でも、日韓が協力体制を強化する過程で北朝鮮が入ってくる方が、ずっとスムーズにいくのではないか。いずれにせよ日本は経済的に韓国に協力する立場になることは間違いない。

　また、北朝鮮と韓国が統一するということは、統一した後の韓国が核兵器保有国になるということなのです。北朝鮮には核があるのですから。そういう意味でも核兵器保有国である韓国になってからいろんな協力関係を進めていくよりも、非核国の韓国と協力関係を進めていって、北朝鮮と統一された時には北朝鮮にある核は廃棄してもらう。非核国家としての統一ができるようにしていかないと、日本の周りはまさに核保有国で全部取り囲まれることになる。

最後に──推進力としてのボランタリズム

　今お話したことは、現在はあくまで夢です。しかし、夢を持っていないから、希望をもって前へ進めないというのが今日の日本が陥っている閉塞状態ではないでしょうか。

　9月にフランスに行った時に予算大臣に会いました。フランスの予算大

臣は日本に2年くらいいた知日家のソーテルさんという人です。「ヨーロッパは今,『ユーロ・ペシミズム（Euro pessimism）』から脱却しつつある。そしてユーロができる前にあった『ユーロ・スケプチシズム（Euro skepticism）』も乗り越えつつある。しかし我々は単純な『ユーロ・オプティミズム（Euro optimism）』に戻るつもりはない。それほど事態は簡単ではない。その意味では私たちはこれから『ユーロ・ボランタリズム（Euro voluntarism）』というものに賭けていきたい」ということを言っていました。

ボランタリズムという言葉は耳慣れない言葉ですし，日本人はボランタリーとかというと，ボランティアとか何かNGOの活動を思い浮かべてしまうんですが，フランス語で「ボロンテ」（volonté）という言葉は「意志」という意味なのです。ですからユーロピアン・インテグレーション（European Integration）に対するポリティカル・ウィル（political will）をしっかり持って進もうということであり，ユーロ・オプティミズムでもなければ，スケプチシズムでもペシミズムでもない，ボランタリズムというのが必要なのではないかという言葉に私は強烈な印象を受けました。

日本にないのは「ジャパニーズ・ボランタリズム」，日本をどうしたいのかという意志が欠けている。「政治的意志」が欠けている。そして，アジアにおいても，アジアをどうするのかというボランタリズムが欠けている。20世紀を締めくくるにあたって，21世紀冒頭の5年やそこらの話ではない。ヨーロッパの例を見れば2050年を目標にして，アジアの統合を進めていこうという夢が必要ではないかと思います。

国際基督教大学に集うみなさん，今日は外部の方もいらっしゃっていますけれども，そういう日本の「ポリティカル・ウィル」，「ボランタリズム」を作る上で，ぜひ夢のある作業をしていただきたいということを申し上げて私の話を終わります。ご静聴ありがとうございました。

フロアからの質問に答えて

はじめにAPECの貿易・投資自由化で，タイのような国とアメリカとの対立があるじゃないかというご指摘ですが，それはおっしゃるとおりです。それから，オーストラリアのように穀物の輸出国と日本とはいろんな形で違いがあります。

しかし，農業問題についてはヨーロッパも日本と同じような立場で，アメリカとの間で農業の完全自由化はできない。農業には自然を守る，文化を守るという価値があって，価格だけで解決すべき問題ではないという議論を次のWTO交渉でもやるようです。日本にも協力を求めてきています。日本も，「農政審議会」で農業の環境保全における役割とか，文化の保存における役割，棚田を残していこうという意見も出ていました。そういうことも踏まえて議論をすることが必要です。日本の姿勢としては単純にすべて自由化すればいいということではないと思います。

　ただ通信分野とか先端産業分野については，アメリカの企業に蹂躙される恐れはあるんですが，アメリカが全部支配できるわけではありません。今度の日産とルノーの関係を見ても，これはサバイバルのためにお互いが手を繋ごうということなのです。もし一方的にルノーが，またフランス側が得をする形で進められる場合には，失敗をすることになるでしょう。私は日産とルノーがそれぞれ努力をした分だけ，そのアライアンス（alliance）の成果が得られるはずだ，と思っています。ですから，努力をしないで助けてくれということは無理ですけれども，努力をしながらやっていけば，グローバルな社会の中で生き残れるネットワークの一部を，日本が占めることは十分可能だと思います。

＊　　　　　＊　　　　　＊

　円とIMFとの関係ですが，円圏を作ろうとかアジア通貨圏を作ろうということはIMFと対決しようということではないのです。ユーロができたからといってIMFは反対して潰してるでしょうか。そうではないのであって，ユーロの創立を認めているわけです。そして，それによって安定した通貨体制ができるということに対してIMFが国際機関として反対することはできない。

　ただこれには力関係があり，IMFではやはりアメリカの発言権が強いですから，こちら側がそれなりに力を持って対応していかないとダメなのです。日本単独ではやられてしまうというのは2年前のエイジアン・マネタリー・ファンドの時と同じですから，日本もアジアに支持者を持たなければいけない。ですから，円ゾーンというよりもエイジアン・マネタリー・ゾーンという形でこれからも呼びかけをすべきだと思っております。

　IMFやアメリカと対決すると安全保障に悪影響を及ぼすのではないかと

いう質問ですが，これもユーロをつくった後でコソボに共同で軍事介入をしたヨーロッパをとってみれば，通貨の問題と安全保障とがパラレルにリンクしているわけではない。それぞれ，国の利害のなかで判断をしていけばいいのであって，すべてアメリカ任せとなったら100％アメリカ任せ，IMF任せとなったら全部IMF任せという態度はもうやめるべきです。日本にはそうでないとアメリカに捨てられるのではないか，もしくはしっぺ返しを食らうのではないかという懸念が強すぎて対米依存志向ができています。どこかでへその緒を切っていかなくてはいけないと思っております。

＊　　　　　＊　　　　　＊

EUの50年については，ローマ帝国やその他の過去の歴史があるではないか，キリスト教という宗教の共通性もあるではないかと，これらはいつも言われる議論です。そういう意味で言えば，アジアにもかつてチャイニーズ・エンパイアーがありましたし，その中で日本も朝貢外交を行っていました。それから現在もオーバー・シーズ・チャイナといわれる人たちがアジアにたくさんいるのです。そういう意味で共通の文化がないわけではないのです。儒教文化が共通の文化になるのか，仏教が共通の文化になるのかはわかりませんが，EUの中だって全部が同じキリスト教徒とは限らない。カトリックもプロテスタントもいる。イスラム教の人だっているのです。トルコも入ろうとしているのです。

EUはアジアよりはやさしいだろうと思います。しかし，アジアにこそ異質の文化があり，異質の宗教があり，そしてかつて共同体の運命を分かち合ったものではない者が，21世紀に地域でグローバルに考えていかなければならないという自覚に目覚めて取り組んでいけば，こんなにすばらしいことはない。だから，ヨーロッパではできたけれどもアジアではできないということは，あまりにもエイジアン・ペシミズムにすぎるのではないか。むしろ，ヨーロッパの統合よりもアジアの統合のほうが難しいからこそ，チャレンジするに値する課題だと思うのです。ドラマチックだともいえます。

日本でも戦前に「大東亜共栄圏」というのを考えたことがあった。しかし，やり方が悪かったので，受け入れられませんでした。しかし，岡倉天心の「アジアは一つ」論と福沢諭吉の「脱亜論」とどちらが正しいか。これは永遠の論争なんです。私は世界を見渡してアジアにはさまざまな文化

的共通性がある，地域的共通性もあると思っています。

　1つの例でいいますと，このあいだ中国に行った時に，私は漢字使用国のサミット会議をやるべきだと，「漢字圏サミット」を提案してきたのです。フランス人はフランコフォン，フランス語圏のサミットをやっているのです。ベトナムからアルジェリアやコートジボアールまで入れて「フランス語圏サミット」というものを開き，1つのコミュニティーにしているのです。それなら「漢字圏サミット」というものをやったらいいのではないか，これは本当に大事なことなんです。日本で使う漢字と中国で使う漢字とでは，今だんだんわからなくなってきています。中国に行くたびに，だんだん簡略化が進んでわからなくなってきています。台湾は昔の古い漢字をつかっています。韓国は一度，漢字を捨ててハングル文字に統一しようと試みましたが，最近は漢字とハングル混じりの方がずっと知的でいいのではないかと，漢字を再び採用していこうという動きが出ている。日本にもコンピューター世代の前は「カナ文字化運動」というのがありましたが，今や消えてしまった。新しいインフォメーション・テクノロジーが漢字使用の壁を乗り越えてしまった。漢字文化圏を作ることによって1つの文化的共通性，文化的なアイデンティティーをアジアに打ち立てることができないかと，私は1つの例として主張しています。

　EUの場合は，第1次，第2次世界大戦という戦争の惨禍を再び起さないために統合しようという政治的な意志がありました。これは大事なことなのです。しかし，始めたのは経済統合からであり，実は政治統合からではないのです。経済統合が進むことによって，初めて政治的な利害が共通化していく。今ようやくEUとして安全保障問題や外交政策などで共通政策を出そうという段階にきているのです。まず，下部構造の経済統合を進めることで政治的な統合をやっていく。しかし，経済統合をするときにも強い政治的な意志が必要なのです。実際は経済が先に進んでいき，後から政治がついていくというのがヨーロッパの状態ですからアジアの場合にも経済の統合を進めていけばいいと思います。しかし，ヨーロッパの統合が50年かかったのをアジアで半分にしようというのでしたら，政治と経済と安全保障とを並行して協力関係の強化を進めていくことが大事なのではないかと思っております。

　　　　　　　　＊　　　　　　　＊　　　　　　　＊

通貨統合の100年先はどうなるのかというご質問ですが，2年先もわからない中では100年先はなかなかわからないのですが，ただやはり三極ができていけば将来，安定した国際通貨体制ができる可能性がでてくると思います。やはり二極ではダメだと思います。二極に入った人はいいのですが，極外の人たちはみんなEUとアメリカに通貨問題は全部任せてしまいますと，経済的には従属国になってしまうのです。2本の足では椅子はうまく安定しませんけれども，3本で安定できるのです。ぜひアジア通貨圏をつくっていかなくてはいけないと思います。ヨーロッパの人たちもぜひ円は強くなってもらいたいというのです。そうでないとせっかくユーロが一生懸命やっても，やはり勝負にならない。だからアジアの経済統合ができたら，それはヨーロッパにとってもプラスであり，長い目でみればアメリカにとってもプラスなのです。今はアメリカのひとり勝ちですから，どんなにアメリカの貿易収支が赤字であっても平気なのです。その意味で，アメリカには貿易のディシプリンがないのであって，ぜひデモクラティックなインターナショナル・マネタリー・システムをつくるためにも，我々も自分たちの声が届くような仕組みを自分たちでつくっていかなくてはいけないと思います。

　　　　　　＊　　　　　　　＊　　　　　　　＊

　貿易自由化に伴う南北問題についてですが，これは確かに心配のあるところです。ただ，今の東南アジアの状況を考えると，投資の自由化をしたために，日本が東南アジアにたくさんの投資をして，むしろ日本の部品産業がダメになるくらい東南アジアで生産が起こってきています。今，みなさんが使っているテレビで日本製というのはほとんどないでしょう。東南アジアで組み立てられたものなのです。たとえ部品は日本から送るものがあっても，東南アジア製がほとんどです。ですから，相互利益ということが投資の自由化にはあると思います。

　貿易の自由化についても問題はあるのですが，しかし，これは電子取り引きというものを考えていきますと，もう障壁を設けてもダメなのです。インターネットで商売をしてしまうのですから。だから，アメリカにもヨーロッパにも注文できる状況の中で，どうやって関税をかけていくか。そうでなくても，今や個人がフランスからワインを買う時は，もう税金を払わなくていい個人輸入もあります。それと同じように，アメリカなどから

インターネットでどんどん輸入されたら，台湾やタイ，そしてフィリピンも関税のかけようがない。そういう点でいうと，エレクトロニック・コマースの時代には貿易の自由化をしていかざるを得ないと思います。そのなかで，先ほど申し上げましたカルチュラル・アイデンティティーといったものをどうするか，農業をどう考えるか。製造業については，やはり自由貿易の方向に行かざるを得ない。その場合，相互に利益のあるような形でものを考えながら，制度を組み立てていく努力をしていくことが大事なのです。決して自由化のスピードをダウンすることで解決できるものではないと思いますので，その点はみなさんでぜひ考えてもらいたいと思います。

     *   *   *

　みなさんには，夢というものを掲げながら現場へ出て，フィールドで体験していただきたいと最後にお願いしておきたいと思います。頭の中で抽象的に組み立てるだけでは物事は動きません。それから，自分に動機づけするためには，やはり現場に入って，そして現場を見て，その中に自分の生きる場所がここにあるなと，やる仕事がここにあるなと感じて進んでいただくことが，若い人たちにとって一番大事なことだと思います。インターネットのバーチャル・リアリティーだけではなくて，ぜひ肌に触れた体験を積んでいただくように心からお願いします。私もいつも現場に飛び込むことに努力をしてきたつもりです。今日の話は非常に抽象的にお聞きになった方がいるかもしれませんが，抽象的でありながらも，やはり現実として，または夢として持ち続けられるものを育んでいくことが大事なのではないかと思います。また，みなさんとこうして対話ができることを楽しみにしています。どうもありがとうございました。

（10月30日講演）

ICU開催の公開講座及びシンポジウム一覧

●国際市民大学（ICU・三鷹市共催）

1981年　国際化時代をどう生きるか
9月12日	国際化時代と市民生活	横田洋三教授（国際法）
9月13日	東南アジアからみた日本人	古屋安雄教授（宗教学）
9月26日	アジアにかかわった日本人	武田清子教授（思想史）
10月3日	日本人の閉鎖性と国際化	土居健郎教授（心理学）
10月17日	アメリカ社会から見た日米関係	斎藤眞教授（アメリカ政治外交史）
10月24日	異文化のはざまに生きる日本人の将来	星野命教授（心理学）

1982年　国際化社会における人間関係
9月11日	人間関係をつくるコミュニケーション	阿久津喜弘教授（視聴覚教育）
9月18日	過去の共有と相互理解	柿内賢信教授（物理学）
9月25日	アジアとの出会い	葛西實教授（インド思想史）
10月2日	日本の国際化の歴史的背景	M. William Steele 助教授（歴史学）
10月9日	国際化社会における交渉力1	藤田忠教授（経営学）
10月16日	国際化社会における交渉力2	藤田忠教授（経営学）

1983年　国際社会における家庭・学校・地域
9月10日	異文化に生きる地域社会〜スリランカと日本〜1	大森元吉教授（人類学）
9月17日	異文化に生きる地域社会〜スリランカと日本〜2	大森元吉教授（人類学）
9月24日	国際社会における学校教育1	Gerhard H. Schepers 準教授（ドイツ文学・ドイツ文化）
10月1日	国際社会における学校教育2	Gerhard H. Schepers 準教授（ドイツ文学・ドイツ文化）
10月8日	そだつこと・そだてること1	都留春夫教授（心理学）

| 10月15日 | そだつこと・そだてること 2 ……………………都留春夫教授（心理学） |

1984年　現代の平和を考える

9月1日	世界の軍事化と現代の平和 1 ……………………最上敏樹助教授（国際法）
9月8日	世界の軍事化と現代の平和 2 ……………………最上敏樹助教授（国際法）
9月22日	食糧と環境問題の視点から 1 ……………………田坂興亜準教授（化学）
9月29日	食糧と環境問題の視点から 2 ……………………田坂興亜準教授（化学）
10月13日	旧約聖書にみる平和と人間 1 ……………………並木浩一教授（聖書学）
10月20日	旧約聖書にみる平和と人間 2 ……………………並木浩一教授（聖書学）

1985年　そだつこと・そだてること

9月14日	生命の営みとして知 1 ……………………………絹川正吉教授（数学）
9月21日	生命の営みとして知 2 ……………………………絹川正吉教授（数学）
9月28日	教えるということ 1 …………都留春夫教授（ガイダンス・カウンセリング）
10月12日	教えるということ 2 …………都留春夫教授（ガイダンス・カウンセリング）
10月19日	苦しみをとおして喜びへ 1 ………………………斎藤和明教授（英米文学）
10月26日	苦しみをとおして喜びへ 2 ………………………斎藤和明教授（英米文学）

1986年　生命について考える

9月13日	人生にとっての≪意味≫・生命にとっての≪意味≫ 1 …………………………………………………立川明準教授（教育史）
9月20日	人生にとっての≪意味≫・生命にとっての≪意味≫ 2 …………………………………………………立川明準教授（教育史）
9月27日	ギリシア神話・文学に現れたる生と死の諸相 1 ………………………………………………川島重成教授（西洋古典学）
10月4日	ギリシア神話・文学に現れたる生と死の諸相 2 ………………………………………………川島重成教授（西洋古典学）
10月18日	生命の営みを見つめる 1 …………………………風間晴子助教授（生物学）
10月25日	生命の営みを見つめる 2 …………………………風間晴子助教授（生物学）

1987年　生命と環境

| 9月12日 | 生物のいとなみとしての生命 1 ………………千浦博講師（分子遺伝学） |

9月19日	生物のいとなみとしての生命 2	千浦博講師（分子遺伝学）
9月26日	「いのち」と「こころ」と「くらし」1	原一雄教授（心理学）
10月3日	「いのち」と「こころ」と「くらし」2	原一雄教授（心理学）
10月17日	環境としての宗教 1	永田竹司助教授（宗教学）
10月24日	環境としての宗教 2	永田竹司助教授（宗教学）

1988年　こころ

9月3日	「こころ」安らぐとき・「こころ」歓ぶとき 1	田中友敏牧師
9月10日	「こころ」安らぐとき・「こころ」歓ぶとき 2	田中友敏牧師
9月17日	こころと不思議 1	小谷英文助教授（臨床心理学）
9月24日	こころと不思議 2	小谷英文助教授（臨床心理学）
10月1日	こころと音楽　1	金澤正剛教授（音楽学）
10月8日	こころと音楽　2	金澤正剛教授（音楽学）

1989年　日本人の心

9月2日	「心・技・体」の問題をめぐって 1	源了圓教授（日本思想史）
9月9日	「心・技・体」の問題をめぐって 2	源了圓教授（日本思想史）
9月16日	日本における言語 1	John C. Maher 助教授（言語学）
9月30日	日本における言語 2	John C. Maher 助教授（言語学）
10月14日	踊り伝えた心（日本民俗舞踊）　1	近藤洋子講師（体育学）
10月21日	踊り伝えた心（日本民俗舞踊）　2	近藤洋子講師（体育学）

1990年　10周年記念シンポジウム

9月22日	「国際化社会」について再考する	最上敏樹教授（国際法）
		田坂興亜準教授（化学）
		藤田忠教授（経営学）
9月29日	「生命」について再考する	風間晴子準教授（生物学）
		立川明準教授（教育史）
		川島重成教授（西洋古典学）

1991年　90年代の世界と日本

| 9月21日 | 90年代の日米関係 1 | 鈴木典比古教授（経営学） |

9月28日	90年代の日米関係2	鈴木典比古教授（経営学）
10月5日	世界経済の中の日本	中内恒夫教授（経済学）
10月12日	私の見る90年代の日ソ関係	藤田忠教授（経営学）
10月26日	経済学者の見た当今の世界	木村憲二教授（経済学）
11月2日	国連の活動と日本の貢献	功刀達朗教授（国際協力論）

1992年　地球的課題と国連～日本の役割～

9月12日	国際貢献の理念とストラテジー～日本の役割～	功刀達朗教授（国際協力論）
9月19日	人権の伸長と国連	横田洋三教授（国際法，国際機構論）
9月26日	地球環境保全と開発	河村鎰男教授（国際経済学）
10月3日	国連と国際紛争の解決	最上敏樹教授（国際法）
10月17日	世界の直面する教育の問題	千葉杲弘教授（教育学）
10月24日	国連の開発援助活動～「人間開発」をめざして～	秋月弘子・大学院生，元国連職員（行政学）

1993年　世界の中の日本経済

9月18日	「世界の中の日本経済」イントロダクション	木村憲二教授（経済学）
9月25日	なぜ円高，どうなる日本経済	高倉信昭教授（国際経営論）
10月2日	2010年の世界経済と日本	鈴木典比古教授（経済学）
10月9日	今，われわれに何が期待され，どうすればよいのか	山本和教授（国際経済・経営論）
10月16日	世界の経済の中での日米関係	河村鎰男教授（国際経済学）
10月23日	アジア経済の発展と日本	中内恒夫教授（国際経営論）

1994年　日本文化の見方

9月17日	型と日本文化1	源了圓元教授（日本思想史・日本文化論）
9月24日	型と日本文化2	源了圓元教授（日本思想史・日本文化論）
9月1日	変貌する現代家族への異文化間心理学アプローチ1	星野命名誉教授・北陸学院短期大学学長（心理学）
10月8日	変貌する現代家族への異文化間心理学アプローチ2	星野命名誉教授・北陸学院短期大学学長（心理学）

10月15日	文化としての家族1	宮永國子準教授（人類学）
10月22日	文化としての家族2	宮永國子準教授（人類学）

1995年　現代の科学技術と人間の心

9月16日	高度技術社会と心の科学	小谷英文準教授（臨床心理学）
9月30日	情報化社会と青少年の心の問題	苫米地憲昭カウンセラー（教育心理学）
10月7日	科学はこころをどう扱おうとしたのか1	村上陽一郎教授（科学史・科学哲学）
10月14日	科学はこころをどう扱おうとしたのか2	村上陽一郎教授（科学史・科学哲学）
10月21日	サリン合成―狂気の時代	田坂興亜準教授（化学）
10月28日	これからの科学教育―狂気の科学者を育てないために	田坂興亜準教授（化学）

1996年　激動するアジアと日本

9月21日	発展のアジアと貧困のアジア1	新津晃一教授（社会学）
9月28日	発展のアジアと貧困のアジア2	新津晃一教授（社会学）
10月5日	アジアの抱える教育問題1	千葉杲弘教授（教育学）
10月12日	アジアの抱える教育問題2	千葉杲弘教授（教育学）
10月19日	世界の中のアジア	功刀達朗教授（国際協力・国際行政論）
10月26日	アジアの中の日本	功刀達朗教授（国際協力・国際行政論）

1997年　香港返還と中国・世界

9月20日	香港・華僑・華南1	斯波義信教授（歴史学）
9月27日	香港・華僑・華南2	斯波義信教授（歴史学）
10月4日	イギリスが香港に残したもの～自由放任のしくみ	石塚雅彦日本経済新聞論説委員
10月11日	アジアの抱える教育問題	黎良子元香港地下鉄路公司勤務
10月18日	国際金融センターとしての香港の将来	山本和教授（国際協力・国際行政論）
10月25日	一国二制度と言論の自由	荒垣敬学長顧問，元朝日新聞記者

1998年　教育の危機を乗り越えて・家庭・学校・社会

9月12日　希望の教育……………………………………………絹川正吉学長
9月19日　たましいの教育～これからの学校教育…………斎藤和明教授（英米文学）
9月26日　近代の古典を通して現代の家庭と学校をみる
　　　　　～「学校社会」と「道徳教育論」を参考にして
　　　　　………………………………………………立川明教授（教育史）
10月3日　今，　からだから見えること……………松岡信之教授（保健体育）
10月17日　マルチ文化社会における教育の課題
　　　　　～コミュニティ心理学的視座から………………笹尾明教授（心理学）
10月24日　子どもや若者の心の葛藤とその意味……………苫米地憲昭カウンセラー

1999年　世界の中の日本人の役割～グローバル化時代・日本の選択～

9月18日　戦後の日米関係を振り返る～敗戦国からパートナーへの軌跡～
　　　　　……………………………………栗山尚一客員教授（国際関係論）
9月25日　新しい国際秩序作りへの参加～何が日本外交に求められているのか～
　　　　　……………………………………栗山尚一客員教授（国際関係論）
10月2日　新しい海洋法秩序の形成～世界と日本に対してもつ意義～
　　　　　……………………………井口武夫客員教授（国際法・国際機構論）
10月9日　2020年の世界経済のシナリオ～日本の選択～
　　　　　……………………………谷口誠客員教授（国際政治・国際経営論）
10月16日　転機に立つ南北問題～日本の国際協力～
　　　　　……………………………谷口誠客員教授（国際政治・国際経営論）
10月23日　対米最後通告をめぐる謎～新たな資料の発掘で明らかになった真実～
　　　　　……………………………井口武夫客員教授（国際法・国際機構論）

●国際基督教大学社会科学研究所・上智大学社会正義研究所　共催　国際シンポジウム名及び報告書リスト

1981年（第1回）「国際相互依存時代における人間尊重」
　　　　　　　報告書『人間尊重の世界秩序を目指して』
　　　　　　　　（上智大学社会正義研究所）

1982年（第2回）　「アジアにおける開発と正義―日本の関わりを見直す」
　　　　　　　　報告書『アジアの開発と民衆』（YMCA出版）

1983年（第3回）　「世界の難民と人権―私たちの自覚と連帯をもとめて」
　　　　　　　　報告書『世界の難民』（明石書店）

1984年（第4回）　「平和の挑戦」
　　　　　　　　報告書『平和のメッセージ』（明石書店）

1985年（第5回）　「解放の神学」
　　　　　　　　報告書『解放の神学』（明石書店）

1986年（第6回）　「現代社会と正義」
　　　　　　　　報告書『現代社会と正義』（明石書店）

1987年（第7回）　「万人に経済正義を」
　　　　　　　　報告書『今こそ経済正義を』（みくに書房）

1988年（第8回）　「イエズス会の教育の特徴―正義と信仰に奉仕すること」
　　　　　　　　報告書『正義に向かう教育』（中央出版社）（現・サンパウロ社）

1989年（第9回）　「経済と倫理」
　　　　　　　　報告書『地球再生のための経済倫理』（拓殖書房）

1990年（第10回）　「環境と倫理」
　　　　　　　　報告書『地球再生　二十一世紀への提言』（拓殖書房）

1991年（第11回）　「教会の社会教説100年」
　　　　　　　　報告書『教会と社会の100年―「レールム・ノヴァルム労働者の境遇」から今日まで』（拓殖書房）

1992年（第12回）　「女性と社会」
　　　　　　　　　報告書　紀要『社会正義』

1993年（第13回）　「女性と社会正義」
　　　　　　　　　報告書『女性の人権と現代社会』（明石書店）

1994年（第14回）　「日本の植民地支配とその責任―後の世代につたえるもの」
　　　　　　　　　報告書　紀要『社会科学ジャーナル』『社会正義』

1995年（第15回）　「滞日外国人と社会正義」
　　　　　　　　　報告書『滞日外国人と人権』（明石書店）

1996年（第16回）　「日本とアジア・太平洋―歴史の共有を通じて未来へ」
　　　　　　　　　報告書『歴史の共有　アジアと日本』（明石書店）

1997年（第17回）　「国際協力と日本国憲法」
　　　　　　　　　報告書『国際協力と日本国憲法―21世紀への日本の選択』
　　　　　　　　　（現代人文社）

1998年（第18回）　「多元的民族社会の緊張・相互理解・協調」
　　　　　　　　　報告書　紀要『社会科学ジャーナル』第43号

1999年（第19回）　「グローバライゼーション―光と影」
　　　　　　　　　報告書（近刊予定・サンパウロ社）

ICU選書

グローバリゼーションと日本外交
未来の共創・先達からの報告
GLOBALIZATION AND JAPAN'S FOREIGN POLICY:
DIPLOMATS' PERSPECTIVES ON CREATING A COMMON FUTURE

2000年9月20日　第1版第1刷

編　者：ICU国際関係学科・功刀達朗
発行人：成澤壽信
発行所：（株）現代人文社
　　　　〒160-0016　東京都新宿区信濃町20　佐藤ビル201
　　　　電話：03-5379-0307（代表）　FAX：03-5379-5388
　　　　Eメール：genjin@gendaijinbun-sha.com
　　　　振替：00130-3-52366
発売所：（株）大学図書
印刷所：（株）ミツワ
基本デザイン：桂川　潤
　デザイン：佐の佳子
ISBN4-87798-024-7 C3031
Ⓒ 2000　KOKUSAIKIRISUTOKYO-DAIGAKU　　PRINTED IN JAPAN

本書の一部あるいは全部を無断で複写・転載・転訳載などをすること、または磁気媒体等に入力することは、法律で認められた場合を除き、著作者および出版者の権利の侵害となりますので、これらの行為をする場合には、あらかじめ小社また編集者宛に承諾を求めてください。

◇◇現代人文社の世界と日本を考える本◇◇

国際協力と日本国憲法
21世紀への日本の選択

上智大学社会正義研究所・ICU社会科学研究所編

いま、世界は歴史的変容の時代にある。国際社会における日本の役割はどこにあるのか。私たちはどんな選択をすべきか。

1700円

難民からみる世界と日本

アムネスティ・インターナショナル日本支部編

「難民問題」は遠い世界で起こっていることなのだろうか。難民から世界と日本、そして私たちとのつながりがみえてくる。

1700円

日本の人権21世紀への課題
ジュネーブ1998国際人権（自由権）規約審査の記録

日本弁護士連合会編

規約人権委員会は、日本政府の人権状況に関する報告書審査の結果をふまえ、政府に対して厳しい勧告を行った。その審査の全記録。

2857円

日本の知らない戦争責任
国連の人権活動と日本軍「慰安婦」問題

戸塚悦朗著

「慰安婦」問題の解決なくしてアジアとの真の和解はない。外務省が隠し続ける「国連が勧告した解決案」がいま明らかになる。

3600円

アジアの文化的価値と人権
アジア・太平洋人権レビュー1999

アジア・太平洋人権情報センター編

アジア地域にはさまざまな文化がいきずいているが、それと人権がしばしば対立する。対比の中で人権の普遍性と文化の継承性をさぐる。

2800円

この本体価格に消費税が加算されます。定価は変わることがあります。